AF314974

ABRÉGÉ

DE

LA GRAMMAIRE ESPAGNOLE

A L'USAGE

DES COLLÉGES ET PENSIONNATS FRANÇAIS

APPROUVÉE PAR L'UNIVERSITÉ

et recommandée par le Ministre de l'Instruction publique
aux Recteurs des Académies.

PAR

M. B. SOTOS OCHANDO

Ancien député aux cortès, professeur d'espagnol de LL. AA. RR. les princes
et les princesses de la famille royale de France, et auteur de plusieurs
ouvrages destinés à l'enseignement des langues française et espagnole.

A PARIS

CHEZ PITOIS-LEVRAULT ET COMPAGNIE, LIBRAIRES,
RUE DE LA HARPE, 81.

1839

X

22238

ABRÉGÉ

DE

LA GRAMMAIRE ESPAGNOLE

A L'USAGE

DES COLLÉGES ET PENSIONNATS FRANÇAIS

APPROUVÉE PAR L'UNIVERSITÉ

et recommandée par le Ministre de l'Instruction publique
aux Recteurs des Académies.

PAR

M. B. SOTOS OCHANDO

Ancien député aux cortès, professeur d'espagnol de LL. AA. RR. les princes
et les princesses de la famille royale de France, et auteur de plusieurs
ouvrages destinés à l'enseignement des langues française et espagnole.

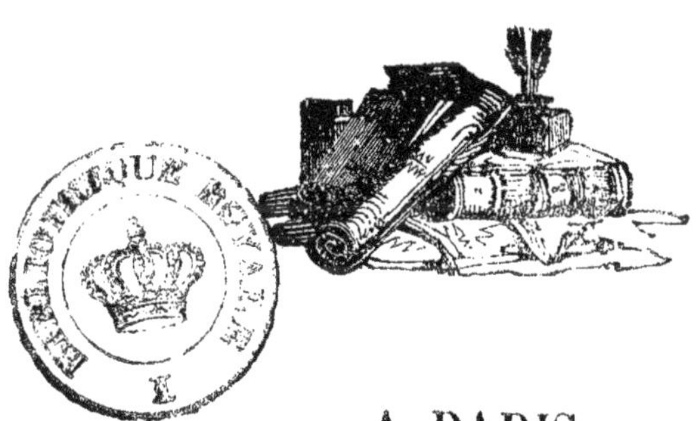

A PARIS

CHEZ PITOIS-LEVRAULT ET COMPAGNIE, LIBRAIRES
RUE DE LA HARPE, 81

1839

PRÉFACE.

Le traité que nous offrons dans ce volume est destiné aux élèves qui, ayant peu de temps à donner à l'étude de l'espagnol, se voient forcés de se contenter des élémens les plus nécessaires. Ceux qui voudront l'étudier à fond, pourront consulter les ouvrages que nous annonçons dans les pages suivantes.

Le but de cet ouvrage étant uniquement d'apprendre l'espagnol à ceux qui connaissent le français, on a supposé la connaissance du langage grammatical et des principes généraux de la grammaire. En conséquence, on n'a pas donné les définitions du nom, du pronom, du verbe et des autres parties du discours, ni des divisions et subdivisions qu'elles admettent. En s'attachant à faire une Grammaire tout-à-fait pratique pour les Français, on en a exclu toute espèce de discussion polémique, et l'on s'est borné presque toujours à marquer les différences qu'on trouve entre l'espagnol et le français.

On a cherché surtout à donner les règles les plus claires, les plus simples et les plus exactes ; et, pour en faciliter l'intelligence et guider les élèves dans leur application, on a toujours choisi des exemples très clairs et très courts.

OUVRAGES

Publiés pour apprendre l'espagnol et le français à ceux qui n'ont pas de maître de ces langues, d'après une méthode particulière très recommandée par la Société des méthodes d'enseignement,

PAR

M. SOTOS OCHANDO

PROFESSEUR D'ESPAGNOL DE LL. AA. RR. LES PRINCES ET LES PRINCESSES DE LA FAMILLE ROYALE DE FRANCE, ANCIEN DÉPUTÉ AUX CORTÈS, ETC.

A L'USAGE DES FRANÇAIS.

ABRÉGÉ

DE

LA GRAMMAIRE ESPAGNOLE

AVEC DES THÈMES

Un volume in-12. — Prix : 1 fr. 50 c.

TRADUCTION DE L'ESPAGNOL

ET

COURS DE LITTÉRATURE ESPAGNOLE

Cet ouvrage, composé d'après une méthode toute particulière, peut être envisagé sous deux rapports différens:

Sous le rapport de la traduction, les morceaux espagnols qui composent cet ouvrage sont tellement combinés que, *le jeune homme le moins instruit et de l'intelligence la plus commune,* dit la Commission de la Société des méthodes d'enseignement, *peut traduire très facilement les cinq premiers exercices.* Dans les autres exercices, *les difficultés qui peuvent arrêter un Français se succèdent par gradation; mais il les surmontera sans peine, à l'aide des renvois au tableau et des explications données au chapitre 2e (à présent Appendice 2e).* La Commission termine son rapport en disant: *qu'à l'aide du traité de la traduction de l'espagnol, tel qu'il a été proposé par M. Sotos Ochando, on peut l'apprendre seul avec facilité.* Si l'on a l'occasion de consulter de temps en temps une personne qui connaisse un peu l'espagnol, on l'apprendra encore bien plus facilement et sans ombre d'embarras.

En outre, cet ouvrage forme par lui-même un *Cours raisonné et pratique de littérature espagnole.* En effet, les premiers morceaux, choisis de neuf écrivains différens, contiennent un discours sur les avantages et les qualités de la langue castillane ; un abrégé historique de la littérature espagnole ancienne et moderne; plusieurs critiques sur les écrivains les plus renommés de l'Espagne ; des discussions très intéressantes sur les genres *classique et romantique,* sur les trois unités dramatiques, sur les inconvenances, les invraisemblances et le merveilleux dans les drames, etc., etc., et l'application de ces doctrines à la littérature de cette nation. Ensuite on trouve des morceaux choisis des écrivains espagnols les plus distingués, tels que Jovellanos , Feyjoo, Solis, Cervantes, Mariana, etc., en prose; Martinez de la Rosa, Arriaza, Moratin , Melendez, Fr. Diego Gonzalez, Gil Polo, Garcilaso, etc., en vers.

Un volume in-12. — Prix : 5 fr.; papier vélin, 6 fr.

GRAMMAIRE COMPLETE

ESPAGNOLE FRANÇAISE

La seule approuvée par l'Université pour l'usage des colléges de France, et recommandée par le Ministre de l'Instruction publique à tous les Recteurs des Académies. Deuxième édition qui contient plusieurs supplémens sur les IDIOTISMES, sur les MONNAIES, MESURES et POIDS espagnols comparés à ceux de la France ; un TABLEAU SYNOPTIQUE de toutes les conjugaisons régulières et irrégulières de l'espagnol, UN AUTRE de toutes les règles et exceptions de la grammaire, et une LISTE ALPHABÉTIQUE de tous les verbes irréguliers.

Un volume in-12. — Prix : 4 fr.

COURS DE THÈMES

Avec interligne, un VOCABULAIRE de deux mille mots les plus usités, plusieurs DIALOGUES familiers en français et en espagnol, DES TABLEAUX SYNOPTIQUES, etc., etc.

La Commission citée ci-dessus, dit : *Pour l'un et l'autre genre de traduction* (du français en espagnol et de l'espagnol en français), *l'auteur procède avec tant d'ordre et de clarté, qu'au moyen de ces livres, chacun, à notre avis, peut apprendre seul la langue espagnole.* Deuxième édition augmentée et corrigée.

Un volume in-12. — Prix : 3 fr.

PRONONCIATION ESPAGNOLE

Avec plusieurs pièces de poésie, un tableau synoptique et un in-terligné de 70 pages, *qui représente,* dit la même Commission, *la prononciation espagnole de tous les mots, au moyen de carac-*

lères spéciaux de l'imprimerie, fondus ad hoc, qui remplissent parfaitement le but qu'il s'est proposé de fournir aux Français les moyens de s'exercer par eux-mêmes avec succès sur ce point important.

Un volume in-12. — Prix : 5 fr.

A L'USAGE DES ESPAGNOLS.

TRADUCCION DEL FRANCES AL ESPAÑOL

Les morceaux français qui la composent font un ouvrage qu'on peut intituler : *L'Incrédule ramené à la foi par la raison.*
Un volume in-12. — Prix : 5 fr.; papier vélin, 6 fr.

PRONUNCIACION DEL FRANCES.

Cet ouvrage, qui analyse les sons de la langue française, les classe et les représente par des caractères spéciaux, et qui contient toutes les règles de la prononciation et de la liaison de consonnes finales, est aussi utile aux Français qu'aux Espagnols.
Un volume in-12. — Prix : 2 fr.

Dépôt à Paris, chez PITOIS-LEVRAULT ET COMP., libraires, rue de la Harpe, 81.

ABRÉGÉ

DE

LA GRAMMAIRE ESPAGNOLE.

CHAPITRE PREMIER.

PRONONCIATION DE L'ESPAGNOL.

N.º 1. — *Valeur des lettres.*

La plupart des lettres se prononcent en espagnol comme en français, avec les exceptions suivantes :

Ch, *J* et *Z*. Ces trois lettres ont dans l'espagnol une prononciation toute particulière, qui ne peut être bien représentée dans la langue française; il faut donc les entendre prononcer par un bon maître. Voyez les explications données dans notre *Grammaire complète*.

E. Cette lettre est toujours prononcée en espagnol comme l'*e* fermé du français. *Elevar, grave, Pedro.*

H. Ordinairement on n'aspire pas cette lettre en espagnol, et l'on prononce les mots où elle se trouve, comme si elle n'y était pas. *Hablar, héroe, Holanda.*

Ll. Le double *ll* est toujours mouillé en espagnol, mais

lorsqu'il est simple, on ne le mouille jamais. *Llamar, lleno, abril, esquilar.*

M, N. Ces deux lettres n'ont jamais le son nasal.

Ñ. La lettre *ñ* est toute particulière à la langue espagnole, et on la prononce comme le *gn* français. *España, señor, año,* comme s'il y avait *Espagna, segnor, agno.*

R. La lettre *r* simple se prononce très douce ; lorsqu'elle est double se prononce très rude. *Pero, perro; para, parra; queria, querria.*

S. Il est toujours prononcé comme le *ç* français. *Besar, cosa ; beçar, coça.*

U. L'*u* espagnol est toujours prononcé comme l'*ou* français. *Curso, uva ; courso, ouva.*

V. Cette lettre se prononce comme en français ; mais presque tous les Espagnols la prononcent comme le *b.*

Ç. Le *c* avec cédille se prononce comme le *z* espagnol. *Calçones, Pança.*

N.º 2. — *Règles de la Prononciation.*

1ʳᵉ *Règle.* Toutes les lettres sont toujours prononcées, même dans les diphthongues. *La escuela, deuda, causa, teneis, buey.* Exceptez-en ces quatre syllabes *gue, gui, que, qui,* où l'on ne prononce pas l'*u*: *Agueda, seguir, Duque, quiero.* Mais on doit prononcer l'*u*, lorsqu'il est marqué du tréma. *Antigüedad, argüir.*

2ᵉ *Règle.* Chaque lettre se prononce toujours de la même manière, avec les exceptions suivantes :

C. Le *c* se prononce comme le *k. Caro, comer, clero, actor;* mais on le prononce comme le *z* espagnol devant l'*e* et l'*i. Cesto, cera, decir, etc.*

Ch. Nous avons parlé du son propre de cette lettre; mais lorsqu'elle est suivie d'une voyelle avec accent circonflexe, ou d'une consonne, on la prononce comme *k. Châridad, Achâb, Christo.*

G. Devant l'*e* et l'*i*, il se prononce comme le *j* espagnol. *General, dirigir, escoger,* etc. Dans les autres cas il conserve le son ordinaire, même lorsqu'il est suivi de la lettre *n* : *Gato, gozo, Agda, digno.*

R. La lettre *r* simple a la valeur de deux *rr* dans les cas suivans : 1° au commencement d'un mot : *rabia, rio, roto* ; 2° après les consonnes *l, n* et *s* : *alrededores, honra, desrabotar* ; 3° dans les mots composés de deux autres mots, dont le second commence par une *r* : *maniroto, pelirubio, virey* ; 4° dans les mots composés des propositions *ab, contra, entre, ex, ob, pre, pro, sobre* et *sub.* Tels sont : *abrogar, contrarestar, entreraido, exregente, obrepcion, prerogativa, prorogar, sobreropa, subrogar,* etc. Dans les mots où entrent d'autres prépositions, l'*r* simple ne prend pas la prononciation de l'*r* double : *derogar, erigir, dirigir, erogar.*

Y. Suivi d'une voyelle, devient consonne, et se prononce comme l'*y* ou l'*i* mouillé dans les mots français : *payer, Maïa, maïenne.* Exemple : *ya, yo, rayo, leyes.* Dans les autres cas, l'*y* grec est voyelle, et on le prononce comme l'*i* latin : *ley, soy, Pedro y Juan.*

X. On le prononce comme *cs,* ou plutôt comme *gs. Examinar, éxodo, expiar.* Exceptions : on le prononce comme *j* espagnol : 1° au commencement et à la fin des mots ; 2° dans l'ancienne orthographe, lorsqu'il se trouve entre deux voyelles sans accent circonflexe. Exemples : *Xátiva, relox, dixo, exército.* A présent on écrit *Játiva, reloj, dijo, ejército.*

IV. Cette lettre suivie d'une voyelle se prononce comme *v* : *Wilson, Forwey,* etc. Dans les autres cas, on la prononce comme *u* espagnol : *Argow, Carlostown.*

Nota. Pour la prononciation des mots étrangers, voyez la *Grammaire complète.*

N.º 3. — *Accent long des mots espagnols.*

Une des plus grandes difficultés qu'éprouvent les étrangers pour bien prononcer l'espagnol, c'est de connaître les syllabes longues, c'est-à-dire celles sur lesquelles on appuie fortement dans la prononciation de chaque mot. C'est un principe de cette langue, qu'il y a dans tous les mots (au moins dans ceux qui ne sont pas monosyllabes ([1])) une syllabe

---

([1]) Quelques Grammairiens remarquent qu'il y a plusieurs monosyllabes sur lesquels on n'appuie pas. Tels sont les articles *el, la, lo, los, las,* les pronoms possessifs *mi, tu, su, mis, tus, sus* ; les pronoms personnels mis en régime sans préposition *me, te, se, le, la, lo, nos, os, les, los, las* ; les prépositions *á, con, de, en, sin, tras,* et les conjonctions *si, que, e, y, ó, ú, ya.*

Mais on doit appuyer sur les monosyllabes qui sont des noms substantifs, tels que *fe, vez, voz, sal, sol, Job,* etc., ou des personnes de verbes, telles que *da, das, dan, va, vas, ven, pon, di, vi,* etc.

On appuie sur les adverbes monosyllabes, lorsqu'ils ne sont pas suivis des mots auxquels ils se rapportent, comme dans les exemples suivans : *habla mal; estudia mas; dice que no ; dice que si.* Mais on n'appuie pas sur ces adverbes lorsqu'ils sont suivis des mots auxquels ils se rapportent. Exemples : *eso está mal hecho; estudia mas que su hermano; eso no es justo.*

Ces mêmes auteurs prétendent qu'il serait convenable d'accentuer dans l'écriture tous les monosyllabes qui portent l'accent de la prononciation ; mais l'usage est d'accord avec la règle donnée par l'Académie, et l'on n'accentue p as les monosyllabes qui conservent toujours la même signification.

longue, et qu'il n'y en a jamais qu'une seule. Cet accent de la prononciation est marqué dans l'écriture par ce signe (') qu'on appelle accent aigu ; et lorsqu'il est placé sur une syllabe, il indique toujours qu'elle est longue, c'est-à-dire qu'on doit appuyer dessus ; mais comme le plus grand nombre de mots se trouvent sans l'accent écrit, il faut établir des règles qui fassent connaître quelle est la syllabe longue des mots qui ne portent pas l'accent écrit.

1re *Règle.* Dans les mots non accentués qui finissent par une voyelle, on appuie sur la syllabe pénultième : *cama, peligro, escudero, precipitado.*

2e *Règle.* Dans les mots non accentués qui finissent par deux voyelles, on appuie sur la première de ces voyelles si c'est un *a*, un *e*, ou un *o* : *Menelao, Dorotea, Ponzoa* ; mais si la première de ces voyelles est un *i*, ou un *u*, on appuie sur la syllabe qui les précède : *concordia, perpetuo, disturbio, Nicaragua.*

3e *Règle.* Dans les mots qui finissent par une consonne, et qui ne sont pas accentués, on appuie sur leur dernière syllabe : *canal, razon,* substantifs ; *haragan, cortes, sutil,* adjectifs ; *jamas, anteayer,* adverbes ; *segun,* préposition. Exception : on appuie sur la syllabe pénultième des mots suivans : *antes, entonces, lejos, menos, mientras,* et sur celle de tous les noms de famille qui finissent par *es* ou *ez, Cervantes, Arguelles, Perez, Martinez,* etc.

4e *Règle.* Les pluriels des noms, bien qu'ils finissent tous par une consonne, ne suivent pas la règle précédente ; mais on les prononce comme leurs singuliers respectifs, en appuyant sur la même syllabe : *camas, disturbios, Doroteas, razones.*

5e *Règle.* Dans les verbes, on appuie sur la syllabe pénultième, soit qu'elle finisse en voyelle, soit qu'elle finisse en consonne. *Amo, amas, ama, temia, temias, amaria, subirian, amamos, amais, aman, temes, temiese, temen,* etc. Exception : on appuie sur la dernière syllabe du présent de l'infinitif et de la seconde personne plurielle de l'impératif de tous les verbes, et sur la deuxième personne plurielle du présent de l'indicatif des verbes de la troisième conjugaison. *Amar, temer, subir*; *amad, temed, subid*; *partis, subis, dormis.*

N.º 4. — *Remarque sur la prononciation du latin.*

Les Espagnols suivent ordinairement, pour prononcer le latin, les mêmes règles que pour prononcer leur langue. Il y a cependant certaines différences pour quelques lettres. Les voici.

Ch se prononce comme le *k* : *cháritas, chérubim, chorus. J* se prononce comme l'*y* consonne : *Jesus, Jacob, ejus. Ll* se prononce comme *l* : *illa, illis, illos, capillus. T* se prononce comme *z* espagnol, lorsque les français le prononcent comme *s* : *scientia, doctior. U* se prononce dans les syllabes *gue, gui, que*; mais non pas dans la syllabe *qui* : *argues, arguis, sanguis, quem, que, relinques, qui, quibus, reliquis , deriliquisti. X* se prononce toujours comme *cs* : *Alexander, exércitus, Xerxes.*

Les diphthongnes *æ* et *œ* se prononcent comme *e*. Exemples : *musæ, cœlum.* Mais dans les autres diphthongues on prononce toutes les lettres : *Grains, audax, eia, Europa.*

Par rapport à l'accent, les Espagnols prononcent le latin

comme les Français, c'est-à-dire qu'on appuie sur la syllabe pénultième d'un mot latin quelconque, lorsqu'elle est longue. Exemples : *amáre, docére, sermónes, prudénter, captivus*, etc. Mais lorsque la syllabe pénultième est brève, on appuie sur l'antépénultième : *Dóminus, hómines, homínibus dicere, amáberis, liquido, insuper, bréviter*, etc. On n'appuie jamais que sur une de ces deux syllabes.

AVERTISSEMENT AUX ÉLÈVES.

On trouve au chap. IX de ce volume des exercices pratiques pour faire l'application de toutes les règles que nous venons de donner, et de celles qu'on donnera dans cet ouvrage. On trouve ensuite un tableau, où l'on a résumé toutes ces règles, et que l'élève doit consulter pour faire ces exercices.

Les personnes qui voudront se perfectionner dans la Prononciation de l'espagnol consulteront l'ouvrage annoncé à la page 7.

CHAPITRE II.

N.º 5. — *De l'Article.*

L'article espagnol a des inflexions différentes, selon le nombre et le genre. Les voici :

Singulier. Masculin. — *El* : *el cielo*, le ciel.

Féminin. — *La* : *la casa*, la maison.

Neutre. — *Lo* : *lo hermoso*, le beau.

Pluriel. . Masculin. — *Los* : *los cielos*, les cieux.

Féminin. — *Las* : *las casas*, les maisons.

L'article singulier masculin *el*, lorsqu'il est précédé des prépositions *de* et *á*, se contracte, perdant l'*e* et ne formant qu'un seul mot avec ces prépositions : *del cielo, del hombre* ; *al cielo, al hombre* ; au lieu de *de el cielo, de el hombre* ; *á el cielo, á el hom bre*. La contraction n'a pas lieu dans le pluriel : *de los cielos, á los hombres*.

Les noms féminins qui commencent par un *a* long, prennent au singulier l'article masculin *el* : *el alma, el agua, el águila*, etc. On conserve l'article féminin, lorsque l'*a* est bref, et lorsqu'on interpose quelque mot entre l'article et le nom : *la ambicion, la grande alma*.

L'article neutre *lo* ne sert que pour les adjectifs employés dans la forme substantive. *Lo blanco y lo verde me agradan mucho* : le blanc et le vert me plaisent beaucoup.

L'article est employé ordinairement aux mêmes cas et d'a-
près les mêmes règles dans l'espagnol que dans le français.
Il y a cependant quelques différences ; vioci les plus remarquables :

1° On met l'article avec les mots *señor, señores, señora,
señoras, señorito, señorita* ; et on le met devant, même lorsqu'il est suivi d'un titre. Exemples : monsieur Valdes, mesdames Martinez, monsieur Antoine Sanchez, monsieur le
Duc, mesdames les Comtesses, on traduira : *el señor Valdés,
las señoras Martinez, el señor Don* (1) *Antonio Sanchez, el
señor Duque, las señoras Condesas.* Il y a exception lorsque
ces mots sont placés au vocatif ou accompagnés des pronoms
possessifs *mi, tu, su, nuestro, vuestro* : dans ce cas, on
n'emploie pas l'article. Exemples : Monsieur Valdes, monsieur le Duc, madame la Comtesse, je vous prie. *Señor Valdés, señor Duque, señora Condesa, ruego á.....* Ton maître,
tu señor.

2° On n'emploie pas l'article double avec les superlatifs
relatifs, lorsque ceux-ci sont placés immédiatement après les
substantifs. C'est la maison la plus grande et la plus belle de

---

(1) Devant les noms de baptême, on emploie le mot DON par les
hommes, et DOÑA par les femmes, lorsqu'on parle des personnes nobles
ou un peu distinguées dans la société. En parlant des personnes d'une
basse classe on peut dire SEÑOR ou SEÑORA, surtout si elles sont âgées;
mais on ne peut employer le DON ni le DOÑA.

Devant le nom de famille ou de titre, on n'emploie jamais le DON ni
le DOÑA. Dites-donc : *el* SEÑOR *Perez, la* SEÑORA *Condesa, el
señor Coronel,* et non pas *el* SEÑOR DON *Perez, la* SEÑORA
DOÑA *Condesa,* etc.

la ville : *es la casa mas grande y mas hermosa de la ciudad.*

3° Les noms communs pris dans un sens partitif ou indéterminé sont précédés en français des mots *de, du, de la,* ou *des,* selon les divers cas. Dans l'espagnol ils ne prennent ni la préposition ni l'article. Donne-moi du pain, de la viande : *dame pan, dame carne.* Vous avez des amis, de bons livres : *Usted tiene amigos, buenos libros.* Si par le mot *de* ou *des* on veut exprimer l'idée de *quelques,* on le traduit mieux par *unos, unas, algunos, algunas.* Hier je fis des visites, je vis des amis : *ayer hice algunas visitas, vi á unos amigos.*

N.º 6. — *Genre des noms substantifs.*

Pour faire connaître plus facilement le genre des noms substantifs, on distinguera les noms qui prennent leur genre d'après leur signification de ceux qui le prennent d'après leur terminaison.

Noms masculins, d'après leur signification : 1° les noms propres et appellatifs d'hommes et d'animaux mâles, *Atila, David, Bucéfalo, Leon, Buey,* etc.; 2° les noms de dignités, emplois et métiers des hommes : *Papa, Rey, Contrabandista,* etc.; 3° les noms propres de rivières et de montagnes : *Júcar, Guadiana, Segura, Guadarrama, Etna, Moria.*

Noms féminins, d'après leur signification : 1° les noms propres et appellatifs de femmes, de déesses, de muses, de femelles, etc. : *Isabel, las driades;* 2° les noms des dignités, métiers, etc., propres aux femmes : *emperatriz, madre, actriz;* 3° ceux des lettres de l'alphabet : *la* b, *una* p, *las dos* rr, *la* y *griega;* 4° ceux des figures de mots et de pensée : *elipsis*, *enálage*, *sinédoque*, *metalépsis*, *apóstrofe*, etc. Exceptez *metaplasmo*, *pleonasmo* et *hiperbaton*, figures de grammaire qui sont masculins.

D'après la terminaison, sont masculins les noms qui finissent en *e, i, o, u, l, n, r, s, t, x, y*. Exemples : *postre, vinagre, alelí, arco, mundo, espíritu, animal, pastel, pan, festin, placer, dolor, gas, mes, cáos, zenit, relox, convoy*.

Exceptions les plus remarquables.

1° Sont féminins les noms terminés en *umbre : muchedumbre*, etc.; cependant *alumbre* est masculin; 2° la plupart des noms terminés en *ion* et en *zon*; cependant *bastion, embrion, morrion, sarampion, talion, corazon* et quelques autres de la même terminaison sont masculins; 3° presque tous les noms terminés en *tes*, lesquels sont très peu usités : *elites, ematiles*, etc.; 4° la plupart de ceux qui finissent en *is : bilis, crisis, tésis*, etc.; cependant *anis, apocalipsis, éxtasis, Génesis, Iris*, et quelques autres très peu usités sont masculins.

Les noms suivans sont aussi féminins : *ave*, oiseau; *indole*, caractère; *leche*, lait; *lente*, lentille, loupe; *liebre*, lièvre; *salve*, salve; *sangre*, sang; *sede*, siége, évêché; *serpiente*, serpent; *suerte*, sort, sorte; *tarde*, soir, après-midi; *diócesi*, diocèse; *metrópoli*, métropole; *mano*, main; *cal*, chaux; *cárcel*, prison; *col*, chou; *decretal*, décrétale; *hiel*, fiel; *miel*, miel; *piel*, peau; *sal*, sel; *señal*, signe, marque; *sarten*, poêle; *sien*, tempe; *coliflor*, choufleur; *labor*, labour, ouvrage de couturière; *res*, tête de bétail; *trox*, grenier pour serrer les grains; *grey*, troupeau;

Voyez les autres exceptions dans la *Grammaire complète*.

Sont féminins d'après leur terminaison les noms qui finissent en *a*, *d* ou *z*. Exemple : *alma, cena, bondad, salud, paz, nariz*. Exceptions les plus remarquables : *cometa, dia, maná, mapa, planeta, sofa, ardid, ataud, césped, sud, arroz, avestruz, barniz, cáliz, lápiz, maiz, tapiz*.

Remarques sur le genre de quelques substantifs.

1re Les noms qui manquent de nombre singulier ne prennent pas leur genre d'après la terminaison qu'ils ont au pluriel, mais d'après celle qu'ils auraient au singulier s'ils en avaient. Conformément à cette règle, sont masculins les noms : *bofes, viveres, maitines*, etc.; et féminins les noms : *albricias, exequias, completas*, etc.

2e Il y a quelques noms qui sont des deux genres : ce sont les suivans : *diadema, emblema, epigrama, arte, dote, puente, canal, márgen, órden, azúcar, mar, cútis*, et quelques autres moins usités.

3e Il y en a d'autres qui changent le genre selon la signification. Voici les principaux : *clave, corte, haz, parte, pez, tema.*

N.º 7.—*Règles pour former le Pluriel des noms.*

1re Les noms qui finissent par une voyelle brève prennent une *s* au pluriel. Exemples : *alma, calle, espiritu, corto, breve*, font *almas, calles, espiritus, cortos, breves.*

2e On ajoute *es* au pluriel des noms qui finissent par une consonne, ou par une voyelle longue. Exemples : *bajá, ley, rey, árbol, carmesi, útil*, font au pluriel *bajáes, leyes, reyes, árboles, carmesies, útiles.*

Si la consonne finale est un *x*, on la change en *j;* si c'est un *z*, on la change en *c. Relox, relojes ; paz, paces.*

1re *Exception.* Les noms qui finissent par un *c* long ne prennent que l'*s* au pluriel. Exemples : *pié, café,* font *piés, cafés.* Les noms *sofá, papá et mamá,* font *sofás, papás, mamás.*

2e *Exception.* Les noms composés dont le second mot est un pluriel ne subissent aucun changement. Exemples : *el cortaplumas, un besamanos, los cortaplumas, unos besamanos.*

3e *Exception.* Les noms qui finissent au singulier par une *s,* et dont la dernière syllabe est brève, restent aussi invariables au pluriel. Exemples : *el lúnes, la crisis, el cáos, los lúnes, las crisis, los cáos.*

Quant à la formation des augmentatifs et des diminutifs de la langue espagnole, consultez la *Grammaire complète.*

Nota. Les noms qui désignent un titre ou une dignité, employés au pluriel masculin, peuvent servir à désigner le mari et la femme. Exemples : *los reyes, los duques* ; le roi et la reine, le duc et la duchesse. Les noms pluriels masculins qui signifient la parenté peuvent aussi s'appliquer aux hommes et aux femmes. Exemples : *sus padres, sus tios, sus hermanos* ; son père et sa mère, son oncle et sa tante, son frère et sa sœur, ou ses frères et ses sœurs, etc. Mais cela n'a pas lieu dans les noms qui signifient une place ou un emploi. Ainsi les pluriels *coroneles, alcaldes,* etc., ne peuvent être employés pour désigner l'homme et sa femme.

Lorsqu'on met dans le français un nom propre au singulier avec l'article au pluriel, on doit employer dans l'espagnol le nom propre au pluriel. Les Horace, les César ; *los Horacios, los Césares.*

CHAPITRE III.

DES NOMS ADJECTIFS, COMPARATIFS, SUPERLA-TIFS ET NUMÉRAUX.

N.º 8. — *Formation du Féminin dans les Adjectifs.*

Les adjectifs terminés en *o*, *ete* ou *ote* forment leur féminin en changeant leur dernière lettre en *a*. Exemples : *bueno*, *grandote*, font au féminin *buena*, *grandota*.

Les adjectifs qui finissent par *dor*, *tor*, *an* et *on*, forment leur féminin en y ajoutant un *a*. Exemples : *traidor*, *protector*, *haragan*, *gloton*, font *traidora*, *protectora*, *haragana*, *glotona*.

Les autres adjectifs conservent au féminin la terminaison du masculin. Exemples : *persa*, *fuerte*, *carmesí*, *natural*, *jóven*, *comun*, *regular*, *veloz*, etc.

Exception à la dernière règle. Les adjectifs qui se rapportent à un pays ou à une ville et qui finissent par une consonne, prennent un *a* après la consonne, pour former leur féminin. Exemples : *español*, *frances*, *andaluz*, *cordobes*, *catalan*, font au féminin *española*, *francesa*, *andaluza*, *cordobesa*, *catalana*.

N.º 9. — *Adjectifs qui perdent quelques lettres.*

1º Les adjectifs masculins *uno, alguno, ninguno, bueno, malo, primero* et *postrero*, perdent l'*o* final lorsqu'ils sont suivis de leur substantif : *un año, ningun libro, un muy mal escritor.* Mais on ne supprime pas l'*o* lorsque le substantif n'est pas exprimé après, ou qu'il ne s'accorde pas avec l'adjectif. Exemples : *uno de los poetas*; *Fernando primero, rey de España*; *el primero no ha venido.*

2° L'adjectif *santo* perd au masculin la syllabe *to* devant les noms propres. Exemples : *san Pedro, san Juan, san Antonio.* Exceptez-en les quatre noms suivans : *Domingo, Tomas, Tomé, Toribio.*

3° L'adjectif *ciento* perd le *to* devant les substantifs et devant les mots *mil* et *millones*; mais il ne le perd pas dans les autres cas. Exemples : *cien ovejas, cien mil hombres, cien millones; ciento y veinte, hay ciento.*

4° L'adjectif *grande* précédant son substantif perd ordinairement le *de,* si le substantif suivant commence par une consonne, et il ne le perd pas s'il commence par une voyelle : *gran rey, gran soldado; grande escritor.*

Si l'adjectif *grande* signifie une grandeur de volume ou d'étendue matérielle, on le place ordinairement après le substantif : *una plaza grande, un jardin grande.*

Remarque. La suppression de ces lettres n'a jamais lieu au pluriel; on dira donc : *algunos hombres, los santos Pedro y Juan, doscientos pesos, grandes generales.*

N.º 10. — *Comparatifs d'égalité.*

Dans les comparaisons d'égalité le premier membre de la phrase comparative est formé ordinairement en français par les mots *aussi, si, autant* ou *tant,* selon les divers cas ; et le second, par la conjonction *que.*

Dans l'espagnol, le premier membre de cette comparaison est formé par l'adverbe *tan,* avec les adjectifs, les participes passifs et les adverbes ; par l'adverbe *tanto,* avec les verbes, et par l'adjectif *tanto, tanta, tantos, tantas,* avec les substantifs. Dans ce dernier cas, les Français emploient devant le substantif le mot *de,* mais les Espagnols ne l'emploient pas. Dans le second membre de la comparaison, le *que* français est rendu par *como* en espagnol ; mais s'il se rapporte à un verbe, on peut le rendre par *como* ou par *cuanto.*

Nota. Lorsque le *tant* ou le *si* français équivaut aux mots *à tel point que,* il n'exprime pas une comparaison, et le *que* doit être rendu par *que* et non par *como.*

Voici des exemples de tous ces cas : Jean est aussi prudent que son frère : *Juan es tan prudente como su hermano* ; Marie chante aussi bien que sa sœur : *María canta tan bien como su hermana.* Les pauvres n'ont pas tant d'amis que les riches : *los pobres no tienen tantos amigos como los ricos.* Pierre a été récompensé autant qu'il le mérite : *Pedro ha sido recompensado tanto como* ou *tanto cuanto merece.* Paul est si modeste que tout le monde l'aime : *Pablo es tan modesto que todos le aman.*

N°. 11. — *Comparatifs de supériorité et d'infériorité.*

Ces comparatifs sont formés par les mots *plus... que,* et *moins... que, mas que, menos que;* mais il y a certaines différences dans la manière de s'en servir dans les deux langues, et nous allons les détailler.

Première différence. Lorsque la comparaison tombe sur un substantif, on emploie en français la préposition *de,* mais non pas dans l'espagnol. Pierre a plus de connaissances et moins d'orgueil que son frère. *Pedro tiene mas conocimientos y menos orgullo que su hermano.*

On conserve le *de* lorsque les mots *plus de, moins de,* ou *de plus, de moins,* indiquent une quantité sans faire aucune comparaison. Exemple : Jean a plus de dix ans; il envoya dix francs de plus. *Juan tiene mas de diez años ; envió diez francos de mas.*

2° *Différence.* Si le second membre de la phrase comparative est un verbe, on y ajoute en français la particule *ne;* mais on ne la traduit pas en espagnol. M. Vidal est plus riche qu'il ne le dit : *El señor Vidal es mas rico que dice.* On fait de même, lorsque le pronom *autre* se trouve dans le premier membre de la phrase. Le plus souvent, on ajoute dans l'espagnol la préposition *de* et l'article *el, la, lo, los,* ou *las,* selon le genre et le nombre. Exemple : on lui a imposé plus de châtimens ou de peines qu'il ne mérite; *le han impuesto mas castigos de los que, ou mas penas de las que merece :* il est autre que vous ne le croyez : *es otro del que Vd. cree*

3ᵉ *Différence.* Lorsque les comparatifs *plus* ou *moins* sont répétés dans deux membres de la phrase, pour marquer leur rapport mutuel, l'espagnol ajoute le mot *cuanto* avant le comparatif du premier membre, et le mot *tanto* avant le comparatif du second membre. Ces mots *cuanto* et *tanto* sont des adjectifs lorsqu'ils se réunissent à des substantifs, et ils en prennent le nombre et le genre. Il faut en outre que les mots auxquels ils se rapportent soient placés immédiatement après. Exemple : plus les hommes sont vertueux, plus ils ont de plaisirs. *Cuanto mas virtuosos son los hombres, tantos mas placeres tienen.* Moins l'homme a de vices, moins il endure de peines : *cuantos menos vicios tiene el hombre, tantas menos penas sufre.* Plus nous nous abandonnons aux passions, moins nous sommes heureux : *cuanto mas nos abandonamos á las pasiones, tanto menos felices somos.*

Nota. Lorsque dans le premier [membre de la comparaison, il y a un comparatif de supériorité ou d'infériorité réuni à un autre comparatif d'égalité, on n'a égard, pour former le second membre, qu'au comparatif qui est placé le dernier. Les deux exemples suivans rendront cette règle claire. L'orgueilleux est aussi criminel et plus malheureux que l'avare : *el orgulloso es tan criminal y mas desgraciado que el avaro :* il est plus malheureux et aussi criminel que l'avare : *es mas desgraciado y tan criminal como el avaro.*

N.º 12. — *Superlatifs.*

Les superlatifs absolus se forment, en espagnol, par l'adverbe *muy.* Il est très, ou fort, ou bien pieux : *es muy piadoso.*

Le plus grand nombre des adjectifs espagnols ont un autre superlatif terminé en *isimo*. Il se forme par cette terminaison *isimo* ajoutée à l'adjectif, lorsqu'il finit par une consonne ; et substituée à la dernière lettre de l'adjectif, lorsque celle-ci est une voyelle. Exemple : *sutil, capaz, santo, dulce,* font *sutilisimo, capacisimo, santisimo, dulcisimo.* Exceptions : 1° les adjectifs terminés en *ble* font le supérlatif en *bilisimo* : *afable, afabilisimo; terrible, terribilisimo.* 2° *Bueno, fiel et fuerte* font *bonisimo, fidelisimo* et *fortisimo.* Voyez d'autres exceptions dans la *Grammaire complète.*

N.º 13. — *Nombres cardinaux*, Un, Deux, Trois, Quatre, etc.

Uno, *ou* una, dos, tres, cuatro, cinco, seis, siete, ocho, nueve.

Diez, once, doce, trece, catorce, quince, diez y seis, diez y siete, diez y ocho, diez y nueve.

Veinte, veinte uno, *ou* una, viente y dos, etc., treinta, cuarenta, cincuenta, sesenta, setenta, ochenta, noventa.

Ciento, ciento y uno, *ou* una, ciento y dos, ciento diez y seis, ciento y veinte, ciento veinte y uno, *ou* una, doscientos, *ou* doscientas, doscientos y uno, *ou* doscientas y una, doscientos, *ou* tas y dos, trescientos, *ou* tas, cuatrocientos, *ou* tas, quinientos, *ou* tas, seiscientos, *ou* tas, setecientos, *ou* tas, ochocientos, *ou* tas, novecientos, *ou* tas.

Mil, mil y uno, *ou* una, mil y veinte, mil veinte y uno, *ou* una, mil y ciento, mil ciento veinte y dos, mil y doscientos, *ou* tas, dos mil, cien mil, doscientos, *ou* tas mil, un millon, *ou* un cuento, dos millones, *ou* cuentos, un billon.

Si l'on fixe l'attention sur la liste précédente, on fera deux observations importantes. 1° Que les noms cardinaux, excepté *uno* et les composés de *ciento*, ont la même terminaison pour le masculin et pour le féminin ; 2° que plusieurs nombres cardinaux se trouvant de suite, on met la conjonction *y* avant le dernier ; et même lorsqu'il y a plusieurs divisions millièmes, il faut répéter l'*y* avant le dernier nombre cardinal de chaque division : ce qui n'arrrive pas dans le français.

N.⁰ 14. — *Nombres ordinaux :* Premier, première, premiers, premières ; Deuxième et deuxièmes ; Troisième, etc.

Primero, primera, primeros, primeras ; segundo, a, os, as ; tercero, etc., cuarto, quinto, sesto, séptimo, octavo, nono.

Décimo, undécimo, duodécimo, décimo tercio, décimo cuarto, décimo quinto, décimo sesto, etc.

Vigésimo, vigésimo primo, vigésimo segundo, vigésimo tercio, trigésimo, cuadragésimo, quinquagésimo, sexagésimo, septuagésimo, octogésimo, nonagésimo.

Centésimo, centésimo primo, centésimo vigésimo tercio, ducentésimo, trecentésimo, cuadringentésimo, quingentésimo, sescentésimo, septingentésimo, octogentésimo, nonagentésimo.

Milésimo, milésimo primo, milésimo trigésimo, milésimo ducentésimo, vigésimo tercio, millonésimo.

Observations sur ces nombres.

1ᵉ On voit dans la liste précédente que s'il y a plusieurs de ces nombres de suite, ils prennent tous leur terminaison ordinale, au lieu qu'en français il n'y a que le dernier qui la prenne. Exemple : la cent vingt-unième page ; *la página centésima vigésima prima.*

2ᵉ. En parlant des noms propres de papes, rois, ducs, etc., on met en français le cardinal ; mais en espagnol on emploie le nom ordinal. Exemple : Ferdinand sept, Henri quatre ; *Fernando séptimo, Henrique cuarto.* Cependant on peut employer les nombres cardinaux pour les nombres 11, 12, et suivans, et même on le fait le plus souvent. Ainsi on dit ordinairement : *Luis once, catorce, diez y ocho ; Juan veinte y dos ; Gregorio quince, etc.*

On fait aussi souvent cette substitution du nombre cardinal à la place du nombre ordinal, lorsqu'on parle d'autres objets quelconques. Le vingt-quatrième chapitre : *el capítulo vigésimo cuarto* ou *veinte y quarto.*

3ᵉ. Pour exprimer les heures du jour ou de la nuit, on emploie en espagnol le nombre cardinal précédé de l'article *la.* Le nom *hora* ou *horas* n'est jamais exprimé dans ce cas, et l'article et le verbe s'accordent avec ces mots sous-entendus. Exemple : c'est une heure ; *es la una.* Il est trois heures et demie ; *son las tres y media.*

Le nom *hora* ou *horas* est exprimé lorsqu'on veut marquer la quantité de temps destinée à faire une chose. Ainsi, on dit : *ha estudiado cuatro horas ; dentro de seis horas.*

Voyez dans la *Grammaire complète* les noms collectifs, distributifs et multiplicatifs.

CHAPITRE IV.

DES PRONOMS.

N.º 15. — *Pronoms personnels.*

Singulier.

	SUJET de la phrase.	RÉGIME direct.	RÉGIME indirect.	Complément de préposition.
1re Pers.	Yo	Me	Me	Mí.
2e Pers.	Tú	Te	Te	Tí.
3e Pers. *Masc.*	Él	Le	Le	Él.
Fémin.	Ella	La	Le	Ella.
Neutre.	Ello	Lo	Le	Ello.

Pluriel.

1re Pers. *Masc.*	Nosotros	Nos	Nos	Nosotros.
Fémin.	Nosotras	Nos	Nos	Nosotras.
2e Pers. *Masc.*	Vosotros	Os	Os	Vosotros.
Fémin.	Vosotras	Os	Os	Vosotras.
3e Pers. *Masc.*	Ellos	Los	Les	Ellos.
Fémin.	Ellas	Las	Les	Ellas.

Pronom réfléchi pour le singulier et le pluriel.

Se . . . Se . . . Sí.

Exemples : elles m'ont parlé de toi ; *ellas me han hablado de ti.* Nous leur avons parlé de vous ; *nosotros* ou *nosotras les hemos hablado de vosotros* ou *de vosotras.* Ils vous aiment beaucoup ; *ellos os aman mucho.*

N.º 16. — *Observations sur ces pronoms.*

1º Lorsque les pronoms de la première ou de la deuxième personne se rapportent à des personnes de grande dignité, on met souvent le pluriel à la place du singulier ; mais on emploie toujours les mots *nos* ou *vos*, et non pas *nosotros* et *vosotros*, quand même ils seraient sujets ou complémens d'une préposition. On dira donc, en parlant à Dieu : *Vos solo sois todo poderoso ; espero de vos el perdon de mis pecados.* Un Prélat dit : *Nos Don N. obispo de N. ordenamos y mandamos.*

2º Les pronoms *mi, ti, si,* accompagnés de la préposition *con,* prennent la syllabe *go* après eux, et l'on fait de tout un seul mot : *conmigo, contigo, consigo.* Exemple : viens avec moi ; *ven conmigo.*

3º Les pronoms *lui, elle, eux, elles,* en régime se rendent par *si* en espagnol, lorsqu'ils se rapportent au sujet de la phrase. Exemple : Jean parle beaucoup de lui : *Juan habla mucho de si.* Elles se font tort à elles-mêmes : *se hacen perjuicio á si mismas.*

4º Le régime direct *le, la, lo, los, las* (en français *le, la, les*) ne saurait se trouver dans la même phrase espagnole avec le régime indirect *le, les* (en français *lui, leur*). Pour y suppléer, on met le pronom *se* à la place de l'un de ces régimes. Je la lui donnai : *yo se la di.* Ils le lui dirent : *ellos se lo dijeron.* Tu la lui donneras : *tú se la darás.*

N.º 17. — *Place des pronoms dans la phrase.*

Dans l'espagnol, les pronoms personnels sont placés après les verbes, toutes les fois que ceux-ci sont au présent de l'infinitif, au gérondif ou à l'impératif, et dans ce cas, ils ne font qu'un seul mot avec les verbes. *Yo deseo verle ; estoy viéndolos ; veámoslo ; yo quiero embiárselas ; embiémelas Vd.*

Lorsque les pronoms personnels *me, te, se, nos, os,* se trouvent combinés dans la même phrase avec les pronoms *le, la, lo, les, las los,* ceux-là doivent être placés devant ceux-ci. Exemples : *me los dió ; te las daré ; os lo dijo ; se las embió ; para dártela ; dandóselos ; decídselo ; embiámela.*

Le pronom *se,* combiné avec les pronoms *me, nos* et *os,* doit les précéder, *Se me dijo ; se nos presentó ; dijósenos ;* mais on place le *se* après le pronom *te : te se presentó ; presentándotese.*

N.º 18. — *Suppression et répétition des pronoms.*

On supprime très souvent, en espagnol, les pronoms personnels, lorsqu'ils sont le sujet de la phrase. *Estoy contento ; estás enfermo ; ha llegado hoy ; mañana lo veremos,* etc. Mais on peut les exprimer, et on le fait ordinairement lorsqu'on veut donner plus d'énergie à la phrase, et lorsque c'est nécessaire pour éviter un sens équivoque. *Tu dices que sí, yo digo que no : yo iba á caballo ; él estaba escribiendo.*

Dans l'espagnol on répète souvent, et avec élégance, les

pronoms personnels lorsqu'ils sont régimes, en mettant l'un sans préposition et l'autre précédé de la préposition *á*. Exemples : *me lo han escrito á mí*; *te lo digo á ti solo*; ou *á mi me lo han escrito*; *á ti solo te lo digo*.

N.º 19. — *Manière de rendre les pronoms* en *et* y.

En français on emploie le pronom *en* à la place de la préposition *de* et des pronoms personnels, ou de l'adverbe de lieu *là*. Le pronom *y* est employé à la place des prépositions *á*, *en*, ou *dans* et des pronoms personnels, ou des adverbes *ici*, *là*.

Pour rendre ces pronoms en espagnol, il faut examiner quelles sont les prépositions et les pronoms, ou les adverbes que remplacent les deux mots *en* et *y*; et cela étant connu, on les rend par les prépositions et pronoms, ou par les adverbes qui y répondent en espagnol. Il faut dans ce cas accorder les pronoms en genre et en nombre, avec la chose à laquelle ils se rapportent. Voici des exemples :

C'est M. Valdes; nous en parlions : *es el señor Valdés*; *hablábamos de él*. Ce sont mesdames Martinez; nous en parlions : *son las señoras Martinez*; *hablábamos de ellas*. J'en viens : *vengo de allá*. J'ai vu une belle maison, et je voudrais y demeurer : *he visto una hermosa casa, y querria vivir en ella*. Allez-y : *id allá*.

Voyez la *Grammaire complète*, où l'on fait l'application de ces règles à plusieurs cas difficiles.

N.º 20. — *Manière de rendre le pronom vous.*

La règle générale à suivre est de ne pas traduire littéralement les mots *vous, votre, vos,* ni le verbe régi par le pronom *vous*; mais de prendre la même tournure qu'on suivrait en français si l'on employait toujours le titre de *votre majesté, votre altesse, votre merci,* ou *vos majestés, vos altesses, vos mercis* etc., à la place du pronom *vous,* et le possessif *son, sa, ses, leur, leurs,* à la place de *votre, vos.* **Tous** ces titres appartenant à la troisième personne, il en résulte qu'il faut changer tous les pronoms qui, dans le français, répondent à la deuxième personne, et les remplacer par ceux qui répondent à la troisième. **La seule différence consiste à** faire l'accord au masculin, lorsqu'on parle aux hommes : en français on le fait au féminin, parce que les titres ont ce genre.

Exemples : Messieurs, lorsque j'ai su que vous étiez arrivés avec votre mère, je me suis empressé de venir vous offrir mes hommages... Si vous voulez m'envoyer une lettre ; je vous rendrai le livre que vous m'avez prêté. Si vous êtes malade. *Señores, cuando he sabido que Ustedes* (abréviation de *vuestras mercedes*; on écrit *V ds.*) *habian llegado con su madre, me he apresurado á venir para ofrecerles mis respetos. Si Usted* (on écrit *V d.*) *quiere enviarme una carta, le volveré el libro que me ha prestado. Si Usted* ou *Vuesa Alteza,* etc., *está enfermo (enferma,* si c'est une femme).

Voyez la *Grammaire complète,* où l'on fait des explications détaillées sur la manière de rendre le *Vous, Sire,*

Monseigneur, etc., lorsqu'on s'adresse à Dieu et aux saints, aux personnages de l'antiquité, aux papes, rois, cardinaux, princes, ducs, généraux, évêques, etc., etc.

N.º 21. — *Pronoms possessifs.*

Voici les pronoms possessifs de l'espagnol :

De la 1ʳᵉ pers. du singulier : *mio, a, os, as,*
    id.   du pluriel... *nuestro, a, os, as.*

De la 2ᵉ pers. du singulier : *tuyo, a, os, as,*
    id.   du pluriel... *vuestro, a, os, as,*

De la 3ᵉ du sing. et du plur. *suyo, a, os, as.*

Ces pronoms répondent aux pronoms français, *mien, notre, tien, notre, sien,* et *leur.*

Les pronoms *mio, tuyo* et *suyo* perdent leur dernière syllabe toutes les fois qu'ils sont placés devant leur substantif. Sous cette forme, ils répondent aux pronoms français, *mon, ma, mes ; ton, ta, tes ; son, sa, ses, leur, leurs,* et ils font *mi, tu, su* au singulier, et *mis, tus, sus* au pluriel.

Ordinairement on place le possessif avant son substantif : *mi padre, sus hermanos, tus amigos.* Mais le substantif doit précéder lorsqu'il est accompagné de l'article ou des adjectifs déterminatifs, tels que *uno, alguno, cierto, varios,* etc. Exemples : *el libro tuyo, un amigo mio, varias cartas tuyas, cierto pariente suyo.* En français on dirait : ton livre, un de mes amis, plusieurs de tes lettres, un de ses parens. Lorsque le substantif est au vocatif, on le place le plus souvent devant le possessif, s'il n'est pas accompagné d'un adjectif : et

on le place après lorsqu'il en est accompagné. Exemples :
Padre mio, Dios mio, amigo mio, mi querido padre, mi esti-
mado amigo.

N.º 22. — *Pronoms démonstratifs.*

Les principaux pronoms démonstratifs de l'espagnol sont
este, esta, esto, estos, estas : — *ese, esa, eso, esos, esas :* —
aquel, aquella, aquello, aquellos, aquellas. Ces trois pronoms
répondent au pronom français *ce, cette, ces* lorsque le substantif est exprimé ; mais lorsque le substantif n'est pas exprimé, ils répondent aux pronoms français *celui-ci, celle-ci,*
ceci, ceux-ci, celles-ci, et *celui-là, celle-là, cela, ceux-là,*
celles-là.

Pour bien saisir le différent emploi de ces pronoms, il
faut remarquer que le premier (*este*) désigne les choses qui
sont près de celui qui parle, ou bien celles dont il vient de
parler. Le second (*ese*) désigne les choses qui sont près de
celui à qui l'on parle, ou bien celles qu'il vient de nommer.
Le troisième (*aquel*) désigne les choses qui sont loin de celui
qui parle, et de celui à qui l'on parle ; ou bien celles qu'on
a citées les premières dans le discours, comparativement à
celles qu'on a citées après. Exemple : *este libro es mas nuevo*
que ese ; pero es mas viejo que aquel. Esas respuestas (celles
que vous venez de citer ou exposer) *no son sólidas. Esta na-*
cion (la dernière qu'on aura citée dans le discours) *es mas*
rica que aquella (celle qu'on aura citée auparavant).

On peut compter aussi parmi les pronoms démonstratifs
les deux suivans : *el que, la que, lo que, los que, las que,* et
aquel que, aquella que, aquello que, aquellos que, aquellas

que: Ils répondent au français *celui qui, celle qui, ce qui, ceux qui, celles qui*. On préfère le second au premier, lorsqu'il y a une préposition entre le pronom *celui* et le relatif *qui*. Exemple : quelle plume demandez-vous? celle avec laquelle vous écrivez : *aquella con que Vd. escribe*.

Lorsque le français *ce qui* est relatif à une phrase, il faut employer le premier. Si Jean vient, ce que je désire, laissez-le entrer; *si viene Juan, lo que* (ou *lo cual*, mais non pas *aquello que*) *yo deseo, dejadle entrar*.

Nota. Le pronom *ce* suivi du verbe *être* subit, dans la traduction en espagnol, de nombreuses variations selon la nature des phrases où il se trouve. On peut voir ce très utile détail dans notre *Grammaire complète*.

N.º 23. — *Pronoms relatifs*.

Les pronoms relatifs de l'espagnol sont *que, cual, quien* et *cuyo*.

Le pronom *que* est toujours invariable, et répond au français *qui, que, quoi*. L'homme que tu as vu, et qui vient de sortir d'ici, n'a pas de quoi vivre : *el hombre que has visto y que acaba de salir de aquí, no tiene con que vivir*.

Cual, cuales. Ce pronom répond au français *quel, quelle, quels, quelles*. Employé dans les phrases qui marquent un sens alternatif, il n'admet pas l'article qui le précède en français : lequel des deux voulez-vous? *Cual de los dos quiere Vd?*

Quien, quienes, répond au français *qui*, ou *lequel*, ou *celui qui*; mais on ne l'emploie que pour les personnes, ou pour les choses personnifiées. Il n'est jamais précédé de l'article. Exemples : celui qui l'a vu, l'a dit : *quien* (ou *el que*) *lo ha visto, lo ha dicho.* Les hommes avec qui je l'ai trouvé : *los hombres con quienes le hallé.*

Cuyo, a, os, as. C'est un pronom relatif de possession qui répond au français *dont, duquel, de laquelle,* etc. C'est précisément le latin *cujus, quorum, quarum*; mais il suit, pour l'accord et pour la place, des règles toutes particulières que nous allons expliquer.

Le pronom *cuyo* s'accorde toujours avec le substantif qui le suit, et qui est employé sans article. On place toujours ce pronom immédiatement après le substantif possédant, qui le précède, et immédiatement avant le substantif possédé, qui le suit. On n'interpose que les adjectifs qui s'accordent avec ces substantifs. Exemples : cette dame dont vous connaissez la prudence : *esta señora, cuya prudencia Vd. conoce.* Le savant du mérite duquel vous m'avez parlé : *el sabio de cuyo mérito me ha hablado Vd.* L'homme respectable dont vous admirez le grande patience : *el hombre respetable, cuya gran paciencia admira Vd.*

Lorsqu'il n'y a pas, dans le second membre de la phrase, un substantif, on ne peut employer le pronom *cuyo*, et il faut rendre la phrase par la préposition *de* et un autre pronom relatif. Exemples : L'homme dont je me plains : *el hombre de que* (ou *de quien*, ou *del cual*) *me quejo.* Les affaires dont nous parlions : *los negocios de que* (ou *de los cuales*) *hablábamos.*

N.º 24. — *Pronoms interrogatifs et admiratifs.*

Les quatre pronoms relatifs sont employés aussi dans les interrogations, et on le fait de la manière suivante.

Qué interrogatif répond au français *que* et *quoi*. Exemples : que veut-il? de quoi parle-t-il? *qué quiere? de qué habla?* Il répond aussi aux pronoms interrogatifs *quel, quelle*, etc., lorsque ceux-ci sont suivis immédiatement d'un substantif. Quels livres avez-vous? *Qué libros tiene Vd.*

Quien interrogatif répond au *qui* français. Qui est là? *Quien está ahi?* Qui sont ces hommes là? *Quienes son esos hombres?* Il répond aussi aux interrogatifs *quel, quelle*, etc., lorsque ceux-ci sont suivis immédiatement d'un verbe, et qu'ils se rapportent à des personnes; mais s'ils se rapportent à des choses, on emploie le pronom *cual, cuales*, Exemples : Quelle est cette dame? *Quien es esta señora?* Quelles sont les vertus de ces plantes? *Cuales son las virtudes (ou qué virtudes son las) de estas plantas?*

Ces trois pronoms sont employés encore dans les phrases admiratives de la même manière que dans les interrogatives. Quelle sagesse! *Qué sabiduria!* Qui l'aurait cru! *Quien lo habria creido!*

Dans les interrogations où l'on demande à qui est quelque chose, on emploie le pronom *cuyo* en l'accordant avec le substantif, et en plaçant le verbe *ser* entre les deux. A qui sont ces livres? A qui sont ces maisons? *Cuyos son estos libros? Cuyas son estas casas?* On dit aussi : *de quien son estos libros? De quien son estas casas?*

On a pu remarquer, par les règles données et par quelques uns des exemples, que ces pronoms peuvent souvent se remplacer réciproquement; mais que cela n'arrive pas toujours.

N.º 25. — *Pronoms négatifs.*

Personne, pronom masculin. En espagnol on le rend par *nadie* ou *ninguno*, substantifs.

Aucun, aucune, adjectif. *Ninguno, a, os, as.*
Nul, substantif. *Nadie* ou *ninguno.*
Nul, nulle, adjectif. *Ninguno, a, os, as.*
Pas un, pas une. Ni uno, ni una.
Ni l'un, ni l'autre : ni l'une, ni l'autre. Ni uno, ni otro ; ni una, ni otra.
Rien. Nada.

Remarque. Tous ces pronoms négatifs exigent que le verbe de la phrase soit précédé de la négation *no*, toutes les fois qu'ils sont placés après le verbe ; mais on ne doit pas employer le *no*, lorsqu'ils sont placés devant le verbe. Les adverbes *jamas* et *nunca*, qui signifient *jamais*, suivent la même règle. On dira donc : *nada puedo*, ou *no puedo nada : á nadie he visto*, ou *no he visto á nadie ; nunca lo haré* ou *no lo haré nunca.*

N.º 26. — *D'autres pronoms.*

On. On le traduit en espagnol, 1° par *se*, en accordant le verbe avec le substantif ; 2° par *uno, alguno, el hombre* ; 3° par *nosotros* ; 4° par la 3ᵉ personne plurielle des verbes sans sujet.

Quelquefois on peut employer deux ou trois de ces traductions, et même les quatre : d'autres fois il n'y en a qu'une seule qu'on puisse employer. C'est le sens de la phrase qui sert de règle. Exemples : on ment beaucoup ; *se miente mucho*. On fait des fêtes : *se hacen fiestas*. Lorsqu'on est malade ; *cuando uno*, ou *el hombre*, ou *alguno está enfermo*. On se fâche souvent injustement : *nos enfadamos muchas veces injustamente*. On dit, on raconte : *dicen, cuentan*. C'est le *dicunt, narrant* du latin, et on l'applique en espagnol à peu près dans les mêmes cas qu'en latin.

Quelque, signifiant à *quelque point que*. Losq'il est suivi d'un adjectif ou d'un adverbe, on le rend en espagnol par *por* ou par *por mas*. Quelque savant qu'il soit, *por sabio* ou *por mas sabio que sea*. Quelque tard qu'il vienne : *por tarde* ou *por mas tarde que venga*. Lorsqu'il est suivi d'un substantif, on le rend par l'adjectif *cualquiera*, accordé avec le substantif. A quelque dignité qu'on t'élève : quelles que soient tes dignités. *A cualquiera dignidad que te eleven; cualesquiera que sean tus dignidades.* Si ce *quelque*, suivi du substantif, présente l'idée de nombreux, abondant, on peut le rendre par *por mucho, a, os, as.* Quelles que soient tes richesses; quelques années qui se soient passées : *por muchas que sean tus riquezas : por muchos años que se hayan pasado.*

Quoi que, dans le sens du précédent. On le rend par *por mas que* ou par *cualquiera cosa que*. Quoi que vous disiez : *por mas que Vd. diga*, ou *cualquiera cosa que Vd. diga*, ou *sea lo que quiera lo que Vd. diga*.

Qui que ce soit. Sea quien quiera, ou *sea el que quiera*, ou *cualquiera que sea*.

Quoi que ce soit. Sea lo que quiera, ou *cualquiera cosa que sea.*

Lorsque ces deux derniers pronoms sont accompagnés d'une négation, on les rend, le premier par *nadie* ou *na-*

guno, et le second par *nada.* Qui que ce soit ne m'a parlé ; *nadie me ha hablado, ninguno me ha hablado, no me ha hablado nadie.* On ne sait quoi que ce soit sur cette affaire : *nada se sabe,* ou *no se sabe nada sobre este asunto.*

Autrui (de, à, avec, pour, etc.); *otro, otros (de, á, con, por,* etc.). Si le pronom *autrui* est régi par un substantif, on peut le rendre par l'adjectif *ageno, a, os, as,* accordé avec le substantif. Exemples : les biens d'autrui ; *los bienes de otro,* ou *de otros,* ou *agenos.* Les maisons d'autrui ; *las casas de otro,* ou *de otros,* ou *agenas.*

Même, signifiant *aussi,* se rend par *aun.* Quand même il le ferait : *aun cuando lo hiciera.* Pierre a parlé à M. Perez, et même il a écrit à son père : *Pedro ha hablado al señor Perez, y aun ha escrito á su padre.* Dans les autres cas, on le rend par l'adjectif *mismo, a, os, as.* Exemple : c'est le même écrivain ; ce sont les mêmes paroles : *es el mismo escritor ; son las mismas palabras.* Le roi même l'a dit : *el rey mismo lo ha dicho.*

Tout. Todo. Lorsqu'il est pris subtantivement et placé comme régime direct, il faut ajouter dans l'espagnol le pronom *lo.* Il a tout perdu : *lo ha perdido todo,* ou *todo lo ha perdido.*

CHAPITRE V.

CONJUGAISONS DES VERBES.

Les conjugaisons espagnoles se rapprochent beaucoup des conjugaisons françaises par le nombre et par l'ordre des modes et des temps. Il y a cependant quelques différences ; voici les plus remarquables. La langue espagnole a deux temps de plus que la langue française, le second imparfait et le futur du subjonctif. Voyez quel en est l'emploi au chapitre VIII. Mais le participe présent est presqu'inconnu en espagnol ; on y supplée par le gérondif, comme on le dira au même chapitre.

Dans l'espagnol, il n'y a que trois conjugaisons : la première pour les verbes qui font le présent de l'infinitif en *ar* ; la deuxième pour ceux qui le font en *er* ; et la troisième pour ceux qui le font en *ir*.

Nous allons présenter, dans un tableau, des exemples des trois conjugaisons et les deux verbes auxiliaires *Haber* (avoir) et *Ser* (être), ce qui suffira pour faire connaître la manière de conjuguer tous les verbes réguliers.

Nº. 27. — *Tableau des conjugaisons*

Première conjugaison régulière (1) en *ar*.

INFINITIF.

Présent...........	aimer.	.... Am ar (2).	
Gérondif........	en aimant.	Am ando.	
Participe passé.	aimé, ée, és, ées.	Am ado, a, os, as.	

INDICATIF.

Présent.........	j'aime.	Yo................	Am o.
	tu aimes.	Tú.....,.........	Am as.
	il aime.	Él , ella ...,....	Am a.
	nous aimons.	Nosotros , as....	Am amos (3).
	vous aimez.	Vosotros , as.....	Am ais.
	ils aiment.	Ellos , ellas......	Am an.
Imparfait......	j'aimais.	Yo , etc.	Am aba.
			Am abas.
			Am aba.
			Am ábamos.
			Am ábais.
			Am aban.
Prét. défini...	j'aimai.	Yo , etc.	Am é.
			Am aste.
			Am ó.
			Am amos.
			Am ásteis.
			Am aron.
Futur..........	j'aimerai.	Yo , etc.	Am aré.
			Am arás.
			Am ará.
			Am aremos.
			Am areis.
			Am arán.

de la langue espagnole.

2ᵉ conj. en *er.*	3ᵉ conj. en *ir.*	Auxiliares.	
(Craindre.)	*(Monter.)*	*(Avoir.)*	*(Être.)*
Tem er.	Su bir.	Haber.	Ser.
Tem iendo.	(8).	Habiendo.	Siendo.
Tem ido.		Habido.	Sido.
Tem o.		He.	Soy.
Tem es.		Has.	Eres.
Tem e.		Ha (9).	Es.
Tem emos.	Sub imos.	Hemos (10).	Somos.
Tem eis.	Sub is.	Habeis.	Sois.
Tem en.		Han.	Son.
Tem ia.	....	Habia.	Era.
Tem ias.		Habias.	Eras.
Tem ia.		Habia.	Era.
Tem iamos.		Habíamos.	Éramos.
Tem iais.		Habíais.	Érais.
Tem ian.		Habian.	Eran.
Tem i.	....	Hube.	Fui.
Tem iste.		Hubiste.	Fuiste.
Tem ió.		Hubo.	Fué.
Tem imos.		Hubimos.	Fuimos.
Tem isteis.		Hubisteis.	Fuisteis.
Tem ieron.		Hubieron.	Fueron.
Tem eré.	Sub iré.	Habré.	Seré.
Tem erás.	Sub irás.	Habrás.	Serás.
Tem erá.	Sub irá.	Habrá.	Será.
Tem eremos.	Sub iremos.	Habremos.	Seremos.
Tem ereis.	Sub ireis.	Habreis.	Sereis.
Tem erán.	Sub irán.	Habrán.	Serán.

Continuation du tableau

Conditionnel... j'aimerais.	Yo, etc.	Am aria.
		Am arías.
		Am aria.
		Am aríamos.
		Am aríais.
		Am arian.

SUBJUNCTIF.

Présent......... que j'aime.	Yo, etc.	Am e.
		Am es.
		Am e.
		Am emos.
		Am eis.
		Am en.
1^t Imparfait ... que j'aimasse.	Yo, etc.	Am ase.
		Am ases.
		Am ase.
		Am ásemos.
		Am áseis.
2e Imparfait (4), que j'aimase ou		Am asen.
j'aimerais.	Yo, etc.	Am ara.
		Am aras.
		Am ara.
		Am áramos.
		Am árais.
Futur (5)...... (Il n'y a pas en		Am aran.
français).	Yo, etc.	Am are.
		Am ares.
		Am are.
		Am áremos.
		Am áreis.
		Am aren.

IMPÉRATIF.

Aime.		Am a tú (6).
		Am e él.
		Am emos nosotros.
		Am ad (7) vosotros.
		Am en ellos.

des conjugaisons des verbes.

Tem eria.	Sub iria.	Habria.	Seria.
Tem erias.	Sub irias.	Habrias.	Serias.
Tem eria.	Sub iria.	Habria.	Seria.
Tem eriamos.	Sub iriamos	Habriamos.	Seriamos,
Tem eriais.	Sub iríais.	Habriais.	Seriais.
Tem erian.	Sub irian.	Habrian.	Serian,

Tem a.	....	Haya.	Sea.
Tem as.		Hayas.	Seas.
Tem a.		Haya.	Sea.
Tem amos.		Hayamos.	Seamos.
Tem ais.		Hayais.	Seais.
Tem an.		Hayan.	Sean.
Tem iese.	....	Hubiese.	Fuese.
Tem ieses.		Hubieses.	Fueses.
Tem iese.		Hubiese.	Fuese.
Tem iésemos.		Hubiésemos.	Fuésemos.
Tem iéseis.		Hubiéseis.	Fuéseis.
Tem iesen.		Hubiesen.	Fuesen.
Tem iera.	....	Hubiera.	Fuera.
Tem ieras.		Hubieras.	Fueras.
Tem iera.		Hubiera.	Fuera.
Tem iéramos.		Hubiéramos.	Fuéramos.
Tem iérais.		Hubiérais.	Fuérais.
Tem ieran.		Hubieran.	Fueran.
Tem iere.	....	Hubiere.	Fuere.
Tem ieres.		Hubieres.	Fueres.
Tem iere.		Hubiere.	Fuere.
Tem iéremos.		Hubiéremos.	Fuéremos.
Tem iéreis.		Hubiéreis.	Fuéreis.
Tem ieren.		Hubieren.	Fueren.

Tem e.	........(11).........	Sé.	
Tem a.		Haya.	Sea.
Tem amos.		Hayamos.	Seamos.
Tem ed.	Sub id.	Habed.	Sed.
Tem an.		Hayan.	Sean.

N.º 28. — *Explication des renvois du Tableau des conjugaisons.*

(1) **Un** grand nombre de verbes changent quelques lettres dans la racine, sans devenir irréguliers , puisqu'on ne fait ce changement que pour conserver la régularité de la prononciation. **Tels** sont les verbes terminés en *car, cer, cir, gar, ger, gir, guar, guir* (sans tréma sur l'*u*), *quir* et *zar*. **Exemples :** *buscar, busque; vencer, venzo, venza; resarcir, resarzo, resarza ; llegar, llegue, lleguemos ; coger, cojo, cojan; exigir, exijo, exijas ; averiguar, averigüe, averigües ; distinguir, distingo, distingas; delinquir, delinco, delincamos; avanzar, avance, avances.*

(2) **On** a omis dans les tableaux les temps composés et la voix passive des verbes, parce qu'on les forme toujours avec les auxiliaires et le participe passif, de la manière suivante :

Les temps composés de tous les verbes sont formés par l'auxiliaire *haber* et par le participe passif de chaque verbe. **Exemple :** j'ai aimé; ils avaient craint : *yo he amado; ellos habian temido.* **Cela** a lieu dans les verbes neutres et pronominaux comme dans les autres. Ainsi, il faut dire : *él ha bajado ; su padre habia muerto; ellos se han arrepentido.* **En** français, on emploierait le verbe ÊTRE : *il est descendu ; son père était mort; ils se sont repentis,* etc.

La voix passive se forme, de même qu'en français, avec l'auxiliaire *ser* et le participe passif. **Tu** es aimé; il a été craint; elles furent aimées : *tu eres amado ; él ha sido temido; ellas fueron amadas.*

Bien qu'on n'ait pas cru nécessaire de détailler ces temps, les élèves doivent s'exercer beaucoup à les conjuguer dans toutes leurs combinaisons du singulier et du pluriel, du masculin et du féminin, des voix active et passive, et des verbes transitifs, neutres et pronominaux.

Exemple pour les temps composés. Infinitif : *haber amado, habiendo amado* (il n'y a pas *habido amado*). Présent de l'indicatif : *he amado, has amado, ha amado, hemos amado,* etc., etc. On parcourt de même tous les temps et toutes les personnes des verbes *amar, temer, subir,* etc.

Exemple pour la voix passive : *ser amado* ou *amada, amados* ou *amadas; siendo amado* ou *amada, amados* ou *amadas; soy amado* ou *amada, eres amado* ou *amada, es amado* ou *amada, somos amados* ou *amadas,* etc. — Temps composés : *he sido amado* ou *amada, has sido amado* ou *amada, ha sido amado* ou *amada; hemos sido amados* ou *amadas,* etc. *Habia sido amado* ou *amada,* etc.

Exemple de verbes neutres aux temps composés où ils se conjuguent autrement qu'en français : *yo he bajado, tu has bajado, él ha bajado,* etc., et non pas *yo soy bajado,* etc.

Exemple des verbes pronominaux : *yo me amo, tu te amas, él se ama, nosotros nos amamos, vosotros os amais, ellos se aman; yo me amaba, tu te amabas,* etc.; *yo me he amado, tu te has amado,* etc., et non pas *yo me soy amado,* etc.

(3) La première personne du pluriel de tous les temps perd l'*s* devant les pronoms *nos* et *os.* Ainsi, au lieu de dire : *amamosnos, amamosos, tememosnos, tememosos,* il faut dire : *amámonos, amámoos, temémonos, temémoos.*

(4) Le conditionnel est placé par les Espagnols dans le sub-jonctif, et comme une des terminaisons de l'imparfait ; mais nous avons préféré de le ranger parmi les temps de l'indica-tif, pour faciliter aux Français l'intelligence et l'emploi de temps.

(5) La langue espagnole a deux temps de plus que la langue française, le second imparfait et le futur du subjonctif. Voyez quel en est l'emploi au chap. VIII.

(6) A l'impératif on transpose le sujet.

(7) Le 2ᵉ personne du pluriel de l'impératif perd le *d* devant le pronom *os*; au lieu de dire : *amados, temedos, sufridos,* on dira : *amaos, temeos, sufrios.*

(8) Les terminaisons qu'on n'a pas détaillées à la troisième conjugaison, sont semblables à celles de la seconde.

(9) Dans l'impersonnel la 3ₑ personne fait *hay.*

(10) On dit aussi quelquefois *habemos.*

(11) Il n'a pas de 2ᵉ personne au singulier.

N.º 29. — *Conjugaison des Verbes irréguliers.*

Les verbes irréguliers de la langue espagnole sont très nombreux. Pour en faciliter l'étude, nous les avons réduits à certaines classes, comme on verra dans les tableaux sui-vans.

Exemples des trois premièrs classes de Verbes irréguliers.

	Présent de l'Indicatif.	Présent du Subjonctif.	Impératif.
PREMIÈRE CLASSE.			
Acertar. . . .	Acierto.	Acierte.	
	Aciertas.	Aciertes.	Acierta.
	Acierta.	Acierte.	Acierte.
	. . . . .	. . . . .	. . . . .
	. . . . .	. . . . .	. . . . .
	Aciertan.	Acierten.	Acierten.
Atender. . . .	Atiendo.	Atienda.	
	Atiendes.	Atiendas.	Atiende.
	Atiende.	Atienda.	Atienda.
	. . . . .	. . . . .	. . . . .
	. . . . .	. . . . .	. . . . .
	Atienden.	Atiendan.	Atiendan.
DEUXIÈME CLASSE.			
Apostar. . . .	Apuesto.	Apueste.	
	Apuestas.	Apuestes.	Apuesta.
	Apuesta.	Apueste.	Apueste.
	. . . . .	. . . . .	. . . . .
	. . . . .	. . . . .	. . . . .
	Apuestan.	Apuesten.	Apuesten.
Mover.	Muevo.	Mueva.	
	Mueves.	Muevas.	Mueve.
	Mueve.	Mueva.	Mueva.
	. . . . .	. . . . .	. . . . .
	. . . . .	. . . . .	. . . . .
	Mueven.	Muevan.	Muevan.

Présent   *Présent*
de l'Indicatif. *du Subjonctif.* *Impératif.*

TROISÈME CLASSE.

Nacer. . . . . Nazco.   Nazca.
                 Nazcas.
                 Nazca.   Nazca.
                 Nazcamos.   Nazcamos.
                 Nazcais.   Nazcais.
                 Nazcan.   Nazcan.

Principaux Verbes irréguliers de la première classe.

VERBES DE LA PREMIÈRE CONJUGAISON QUI SE CONJUGUENT COMME *Acertar.*

Alentar, apacentar, apretar, arrendar, asentar, aserrar, atravesar, calentar, cegar, cerrar, comenzar, concertar, confesar, desmembrar, despertar, desterrar, dezmar, empedrar, empezar, encerrar, encomendar, enmendar, ensangrentar, enterrar, errar, escarmentar, fregar, gobernar, helar, herrar, incensar, invernar, manifestar, mentar, merendar, negar, nevar, pensar, perniquebrar, quebrar, recomendar, regar, remendar, reventar, segar, sembrar, sentar, sosegar, temblar, tentar, tropezar.

VERBES DE LA DEUXIÈME CONJUGAISON QUI SE CONJUGUENT COMME *Atender.*

Ascender, atender, cerner, condescender, defender, encender, entender, extender, perder.

VERBES DE LA TROISIÈME CONJUGAISON.

Concernir, discernir.

Principaux *Verbes irréguliers de la deuxième classe.*

VERBES DE LA PREMIÈRE CONJUGAISON QUI SE CONJUGUENT COMME *Apostar.*

Acordar, acostar, almorzar, apostar, aprobar, asolar, avergonzar, colar, colgar, concordar, consolar, consonar, contar, costar, degollar, descollar, desolar, desollar, emporcar, encontrar, engrosar, esforzar, forzar, holgar, hollar, mostrar, poblar, probar, recordar, recostar, reforzar, regoldar, renovar, reprobar, resollar, rodar, rogar, soldar, soltar, sonar, soñar, tostar, trocar, tronar, volar, volcar.

VERBES DE LA DEUXIÈME CONJUGAISON QUI SE CONJUGUENT COMME *Mover.*

Absolver, cocer, disolver, doler, llover, moler, morder, mover, oler, soler, solver, torcer, volver.

Nota. Solver, volver et leurs composés font au participe passif : *suelto, vuelto, absuelto, disuelto,* etc.

Voyez dans la *Grammaire complète* les autres verbes irréguliers de la première et de la seconde classe.

Verbes irréguliers de la troisième classe.

La troisième classe comprend les verbes terminés en *acer, ecer, ocer* et *ucir.* Exemples : *renacer, crecer, parecer, conocer, lucir,* etc. Mais on doit bien remarquer que les verbes terminés en *cer* et *cir* sont réguliers, lorsqu'ils n'ont aucune des terminaisons ci-dessus ; tels sont *ejercer, vencer, esparcir,* et d'autres. Cependant ils changent d'orthographe dans quelques cas, d'après ce qu'on a dit au num. 28. Exemples : *ejercer, ejerzo, ejerza ; resarcir, resarzo, resarzais,* etc.

N.º 30. — *Quatre autres classes de Verbes irréguliers.*

Leur irrégularité comprend la plupart des temps.

	EXEMPLE de la 4ᵉ CLASSE.	EXEMPLE de la 5ᵉ CLASSE.	EXEMPLE de la 6ᵉ CLASSE.	EXEMPLE de la 7ᵉ CLASSE.
Présent de l'infinit.	Pedir.	Sentir.	Huir.	Leer.
Gérondif...	Pidiendo.	Sintiendo.	Huyendo.	Leyendo.
Présent	Pido.	Siento.	Huyo.	
de	Pides.	Sientes.	Huyes.	
l'indicatif.	Pide.	Siente.	Huye.	
	....	....	....	
	....	....	....	
	Piden.	Sienten.	Huyen.	
3.ᵉˢ p. du	Pidió.	Sintió.	Huyó.	Leyó.
prét. déf.	Pidieron.	Sintieron.	Huyeron.	Leyeron.
Présent	Pida.	Sienta.	Huya.	
du	Pidas.	Sientas.	Huyas.	
Subjonctif.	Pida.	Sienta.	Huya.	
	Pidamos.	Sintamos.	Huyamos.	
	Pidais.	Sintais.	Huyais.	
	Pidan.	Sientan.	Huyan.	
Temps	Pidiese, etc.	Sintiese, etc.	Huyese, etc.	Leyese, etc.
en	Pidiera, etc.	Sintiera, etc.	Huyera, etc.	Leyera, etc.
se, ra et re.	Pidiere, etc.	Sintiere, etc.	Huyese, etc.	Leyere, etc.
Impératif.	Pide.	Siente.	Huye.	
	Pida.	Sienta.	Huya.	
	Pidamos.	Sintamos.	Huyamos.	
	....	....	....	
	Pidan.	Sientan.	Huyan.	

Principaux Verbes irréguliers de la quatrième classe.

Ceñir, colegir, competir, concebir, conseguir, corregir, derretir, desleir, elegir, embestir, engreir, envestir, expedir, freir, gemir, henchir, heñir, impedir, medir, pedir, regir, reir, rendir, reñir, repetir, reteñir, revestir, seguir, servir, teñir, vestir. *Freir* fait au participe passif *frito*.

Principaux Verbes irréguliers de la cinquième classe.

Adherir, advertir, arrepentirse, conferir, convertir, diferir, digerir, divertir, hervir, herir, inferir, ingerir, mentir, pervertir, preferir, requerir, sentir, transferir, zaherir.

Les verbes qui appartiennent à la sixième classe, sont ceux qui finissent en *uir*, lorsque l'*u* est prononcé. Tels sont les suivans : *argüir, redargüir, contribuir, distribuir, concluir, influir, construir, constituir, disminuir*, et autres.

Mais les verbes terminés en *uir* ne sont pas de cette classe, lorsque l'*u* n'est pas prononcé, comme il arrive dans les verbes *distinguir, seguir, delinquir*, et quelques autres.

Les verbes compris dans la septième classe sont ceux qui finissent en *aer, eer* et *oer*, tels que les verbes *raer, leer, creer, poseer, proveer, roer* et quelques autres peu nombreux.

N.º 31. — Huitième classe de Verbes irréguliers.

L'irrégularité de ces verbes ne pouvant être soumise à aucune classification, il faut les mettre en détail.

	HACER.	PONER.	CABER.
Prés. de l'Infin.			
Gérondif........	....	....	....
Participe passé.	Hecho.	Puesto.	....
Prés. de l'Ind..	Hago.	Pongo.	Quepo.
	....	....	....
	....	....	....
	....	....	....
	....	....	....
	....	....	....
Imparfait........	....	....	....
Prétérit défini..	Hice.	Puse.	Cupe.
	Hiciste.	Pusiste.	Cupiste.
	Hizo.	Puso.	Cupo.
	Hicimos.	Pusimos.	Cupimos.
	Hicisteis.	Pusisteis.	Cupisteis.
	Hicieron.	Pusieron.	Cupieron.
Futur...........	Haré, etc.	Pondré, etc.	Cabré, etc.
Conditionnel....	Haria, etc.	Pondria, etc.	Cabria, etc.
Prés. du Subj..	Haga.	Ponga.	Quepa.
	Hagas.	Pongas.	Quepas.
	Haga.	Ponga.	Quepa.
	Hagamos.	Pongamos.	Quepamos.
	Hagais.	Pongais.	Quepais.
	Hagan.	Pongan.	Quepan.
1.er *Imparfait.*	Hiciese, etc.	Pusiese, etc.	Cupiese, etc.
2.e — —	Hiciera, etc.	Pusiera, etc.	Cupiera, etc.
Futur...........	Hiciere, etc.	Pusiere, etc.	Cupiere, etc.
Impératif.......	*Haz.*	*Pon.*	....
	Haga.	Ponga.	Quepa.
	Hagamos.	Pongamos.	Quepamos.
	....	....	....
	Hagan.	Pongan.	Quepan.

QUERER.	PODER.	IR.	SABER.
....	Pudiendo.	Yendo.	....
....	....	....	....
Quiero.	Puedo.	*Voy.*	*Sé.*
Quieres.	Puedes.	*Vas.*	....
Quiere.	Puede.	Va.	....
....	....	Vamos.	....
....	....	Vais.	....
Quieren.	Pueden.	Van.	....
....	....	Iba., etc.	....
Quise.	Pude.	*Fuí.*	Supe.
Quisiste.	Pudiste.	Fuiste.	Supiste.
Quiso.	Pudo.	Fué.	Supo.
Quisimos.	Pudimos.	Fuimos.	Supimos.
Quisísteis.	Pudistis.	Fuísteis.	Supisteis.
Quisieron.	Pudieron.	Fueron.	Supieron.
Querré, etc.	Podré, etc.	....	Sabré, etc.
Querria, etc.	Podria, etc.	....	Sabria, etc.
Quiera.	Pueda.	*Vaya.*	*Sepa.*
Quieras.	Puedas.	Vayas.	Sepas.
Quiera.	Pueda.	Vaya.	Sepa.
....	....	Vayamos.	Sepamos.
....	....	Vayais.	Sepais.
Quieran.	Puedan.	Vayan.	Sepan.
Quisiese, etc.	Pudiese, etc.	Fuese, etc.	Supiese, etc.
Quisiera, etc.	Pudiera, etc.	Fuera, etc.	Supiera, etc.
Quisiere, etc.	Pudiere, etc.	Fuere, etc.	Supiere, etc.
Quiere.	Puede.	*Ve.*	....
Quiera.	Pueda.	Vaya.	Sepa.
....	....	Vayamos (*a*).	Sepamos.
....	....	....	....
Quieran.	Puedan.	Vayan.	Sepan.

3.

Prés. de l'Infin.	Tener.	Venir.	Decir.
Gérondif........	....	Viniendo.	Diciendo.
Participe passé.	....	....	Dicho.
Prés. de l'Ind..	Tengo.	Vengo.	Digo.
	Tienes.	Vienes.	Dices.
	Tiene.	Viene.	Dice.
	....	....	....
	....	....	....
	Tienen.	Vienen.	Dicen.
Imparfait.......	....	....	....
Prétérit défini..	Tuve.	Vine.	Dije.
	Tuviste.	Viniste.	Dijiste.
	Tuvo.	Vino.	Dijo.
	Tuvimos.	Vinimos.	Dijimos.
	Tuvisteis.	Vinisteis.	Dijisteis.
	Tuvieron.	Vinieron.	Dijeron.
Futur..........	Tendré, etc.	Vendré, etc.	Diré, etc.
Conditionnel....	Tendria, etc.	Vendria, etc.	Diria, etc.
Prés. du Subj..	Tenga.	Venga.	Diga.
	Tengas.	Vengas.	Digas.
	Tenga.	Venga.	Diga.
	Tengamos.	Vengamos.	Digamos.
	Tengais.	Vengais.	Digais.
	Tengan.	Vengan.	Digan.
1er. *Imparfait..*	Tuviese, etc.	Viniese, etc.	Dijese, etc.
2e. ———	Tuviera, etc.	Viniera, etc.	Dijera, etc.
Futur..........	Tuviere, etc.	Viniere, etc.	Dijere, etc.
Impératif.......	*Ten.*	*Ven.*	*Di.*
	Tenga.	Venga.	Diga.
	Tengamos.	Vengamos.	Digamos.
	....	....	....
	Tengan.	Vengan.	Digan.

Morir.	Dormir.	Conducir (b).	Traer.
Muriendo.	Durmiendo.	....	Trayendo.
Muerto.	....	....	....
Muero.	Duermo.	Conduzco.	Traigo.
Mueres.	Duermes.	....	....
Muere	Duerme.	....	....
....	....	....	....
....	....	....	....
Mueren.	Duermen.	....	....
....	....	....	....
....	....	Conduje.	Traje.
....	....	Condujiste.	Trajiste.
Murió.	Durmió.	Condujo.	Trajo.
....	....	Condujimos.	Trajimos.
....	....	Condujisteis.	Trajisteis.
Murieron.	Durmieron.	Condujeron.	Trajeron.
....	....	....	....
....	....	....	....
Muera.	Duerma.	Conduzca.	Traiga.
Muetas.	Duermas.	Conduzcas.	Traigas.
Muera.	Duerma.	Conduzca	Traiga.
Muramos.	Durmamos.	Couduzcamos.	Traigamos.
Murais.	Durmais.	Conduzcais.	Traigais.
Mueran.	Duerman.	Canduzcan.	Traigan.
Muriese, etc.	Durmiese, etc.	Condujese, etc.	Trajese, etc.
Muriera, etc.	Durmiera, etc.	Condujera, etc.	Trajera, etc.
Muriere, etc.	Durmiere, etc.	Condujere, etc.	Trajere, etc.
Muere.	Duerme.	....	....
Muera.	Duerma.	Conduzca.	Traiga.
Muramos.	Durmamos.	Conduzcamos.	Traigamos.
....	....	....	....
Mueran.	Duerman.	Conduzcan.	Traigan.

	SALIR.	VALER.	DAR.
Prés. de l'Infin.			
Gérondif.........	....	....	....
Participe passé	....	....	....
Prés. de l'Ind...	Salgo.	Valgo.	*Doy.*
	....	....	....
	....	....	....
	....	....	....
	....	....	....
	....	....	....
Imparfait........	....	....	....
Prétérit défini..	....	....	Di.
	....	....	Diste.
	....	....	Dió.
	....	....	Dimos.
	....	....	Disteis.
	....	....	Dieron.
Futur............	Saldré, etc.	Valdré, etc.	....
Conditionnel....	Saldria, etc.	Valdria, etc.	....
Prés. du Subj...	Salga.	Valga.	....
	Salgas.	Valgas.	....
	Salga.	Valga.	....
	Salgamos.	Valgamos.	....
	Salgais.	Valgais.	....
	Salgan.	Valgan.	....
1er. *Imparfait*..	....	....	Diese, etc.
2e. ———	....	....	Diera, etc.
Futur...........	....	....	Diere, etc.
Impératif.......	*Sal.*	....	....
	Salga.	Valga.	....
	Salgamos.	Valgamos.	....
	....	....	....
	Salgan.	Valgan.	....

VER.	CAER.	OIR.	ESTAR.
....	Cayendo.	Oyendo.	....
Visto.	....	....	....
Veo.	Caigo.	Oigo.	*Estoy.*
....	....	Oyes.	Estás (c).
....	....	Oye.	Está.
....	....	....	....
....	....	....	....
....	....	Oyen.	Están.
Veia, etc.	....	....	....
....	....	....	Estuve.
....	....	....	Estuviste.
....	Cayó.	Oyó.	Estuvo.
....	....	....	Estuvimos.
....	....	....	Estuvisteis.
....	Cayeron.	Oyeron.	Estuvieron.
....	....	....	....
....	....	....	....
Vea.	Caiga.	Oiga.	Esté.
Veas.	Caigas.	Oigas.	Estés.
Vea.	Caiga.	Oiga.	Esté.
Veamos.	Caigamos.	Oigamos.	....
Veais.	Caigais.	Oigais	....
Vean.	Caigan.	Oigan.	Estén.
....	Cayese, etc.	Oyese, etc.	Estuviese, etc.
....	Cayera, etc.	Oyera, etc.	Estuviera. etc.
....	Cayere, etc.	Oyere, etc.	Estuviere, etc.
....	....	Oye.	Está.
Vea.	Caiga.	Oiga.	Esté.
Veamos.	Caigamos.	Oigamos.	....
....	....	....	....
Vean.	Caigan.	Oigan.	Estén.

Nota. 1° Le verbe *andar* n'est irrégulier qu'au prétérit défini et aux temps *se, ra* et *re* du subjonctif : *anduve, anduviste, anduvo, anduvimos, anduvisteis, anduvieron, anduviese,* etc.

2° *Asir* est irrégulier à la première personne du présent de l'indicatif *asgo;* au présent du subjonctif, *asga, asgas, asga,* etc., et à trois personnes de l'impératif, *asga él, asgamos nosotros, asgan ellos.*

3° *Escribir, abrir, cubrir* et leurs composés sont réguliers, excepté qu'ils font au participe passif : *escrito, abierto, cubierto.*

Renvois du Tableau précédent.

(*a*) L'usage permet de dire *vamos* à la première personne du pluriel de l'impératif du verbe *ir.*

(*b*) Tous les verbes terminés en *ducir* se conjuguent de même que *conducir.* Tels sont les verbes *deducir, inducir, reducir, seducir, traducir,* etc.

(*c*) L'irrégularité de cette personne ne consiste que dans l'accentuation. C'est la même chose pour les autres qui font *está, están, esté, estés, estén.*

N.º 32. — *Conjugaisons de Verbes composés.*

Les verbes composés suivent l'irrégularité de leurs simples. Cependant il faut faire les exceptions suivantes. *Satisfacer.* Prétérit défini : *satisfize, satisfaciste, satisfizo, satisfacimos, satisfacisteis, satisfacieron.* Imparfaits et futur du subjonctif : *satisfaciese*, etc., *satisfaciera*, etc., *satisfaciere*, etc. Impératif à la deuxième personne du singulier : *satisfaz* ou *satisface*.

Bendecir, contradecir, desdecir et *maldecir*, composés de *decir*, font à la deuxième personne du singulier de l'impératif *bendice, contradice, desdice,* et *maldice*. Le verbe *predecir* suit son simple et fait *predi*. En outre, *bendecir* et *maldecir* sont réguliers au participe passif, au futur de l'indicatif et au conditionnel : *bendecido, bendeciré, bendeciria*; *maldecido, maldeciré* et *maldeciria*.

N.º 33. — *Verbes défectifs.*

Podrir. On trouve *podrir, podrido*; *podria*, etc., *podrid*.

Placer, impersonnel. *Place, placia, plugo, plegue*, *pluguiese, pluguiera, pluguiere*.

Yacer. On trouve *yago, yace, yacia. yaga*. On n'emploie guère que *yace* et *yacia*.

Soler. Il est irrégulier de la deuxième classe. On ne l'emploie jamais au futur de l'indicatif ni au conditionnel. Le présent de l'infinitif, tout le subjonctif et l'impératif sont employés rarement.

Abolir. Ce verbe n'est jamais employé aux temps et personnes qui subissent l'irrégularité de la deuxième classe. On ne dit pas *abolo, aboles, abola, abolas*, etc., ni *abuelo, abueles, abuela, abuelas*, etc.

CHAPITRE VI.

ADVERBES, PRÉPOSITIONS, CONJONCTIONS ET INTERJECTIONS.

N° 34. — *Liste des Adverbes les plus usités de l'espagnol.*

Adverbes de lieu. *Cerca,* près; *lejos,* loin; *detras,* par derrière; *delante,* devant; *encima,* au-dessus; *debajo,* au-dessous; *dentro,* dedans; *fuera,* dehors (ceux-ci précèdent souvent la préposition *de*); *donde* et *adonde,* où; *arriba,* en haut; *abajo,* en bas; *aqui* et *acá,* ici; *ahí,* là (où vous êtes); *allí* et *allá* ou *acullá,* là (loin des personnes qui parlent).

Adverbes de temps. *Hoy,* aujourd'hui; *ayer,* hier; *anteayer* ou *antes de ayer,* avant-hier; *mañana,* demain; *pasado mañana* ou *despues de mañana,* après demain; *ahora,* maintenant; *luego,* bientôt ou après; *temprano,* de bonne heure; *tarde,* tard; *presto,* bientôt; *pronto,* promptement ou vite; *siempre,* toujours: *jamas* et *nunca,* jamais; *entonces,* alors; *mientras tanto* et *entretanto,* cependant; *todavia* et *aun,* encore; *cuando,* quand; *ya,* déjà; *en el interin,* en attendant.

Adverbes d'ordre. *Antes,* auparavant; *despues,* après (ceux-ci précèdent souvent la préposition *de*); *luego*, ensuite ; *últimamente*, dernièrement.

Adverbes de quantité. *Mucho*, beaucoup ; *poco*, peu ; *bastante* et *harto*, assez ; *demasiado*, trop ; *muy*, très, fort ou bien ; *tambien*, aussi ; *casi*, presque ; *apénas*, à peine ; *ademas*, en outre.

Adverbes de comparaison. *Mas*, plus ; *menos*, moins ; *mejor*, mieux ; *peor*, pis ; *tanto* ou *tan*, tant ou autant, si ou aussi ; *cuanto* ou *cuan*, combien et que ; *como*, comme ou que.

Adverbes de manière ou de qualité. Ceux qui finissent en *mente* : voyez le num. 36. Ajoutez-y *bien*, bien ; *mal*, mal ; *adrede*, à dessein ; *aposta*, exprès ; *así*, ainsi ; *quedo*, doucement ; *alto*, haut ; *bajo*, bas ; *recio*, fort ; *despacio*, lentement.

Adverbes d'affirmation. *Sí*, oui ; *cierto*, certes ; *ciertamente*, certainement ; *verdaderamente*, vraiment ; *indubitablemente*, indubitablement.

Adverbes de négation. *No*, non ou ne ; *nada*, rien ; *tampoco*, non plus.

Adverbes de doute. *Acaso* et *quizá* ou *quizas*, peut-être ; *tal vez* et *por ventura*, par hasard.

Il est facile de remarquer que plusieurs de ces adverbes sont aussi substantifs, tels que *mañana, tarde, mal, bien, acaso, nada.* Il y en a d'autres qui sont adjectifs, tels que *mucho, poco, harto, demasiado, bastante, peor, mejor, cierto, alto, bajo, recio, pronto.* D'autres sont aussi conjonctions : *mas, ademas, como,* etc.

N.º 35. — *Adverbes de quantité.*

Les adverbes *assez, beaucoup* ou *bien, trop, peu, guère, autant* ou *tant* et *combien* demandent en français la préposition *de* devant les substantifs ; mais dans l'espagnol on rend ces adverbes par un adjectif, qu'on accorde avec le substantif. Ce sont les adjectifs *bastante* ou *harto, mucho, demasiado* ou *mucho, poco, casi ninguno, tanto* et *cuanto.* Exemples : peu d'hommes ; *pocos hombres* : trop d'indulgence ; *demasiada indulgencia.* Pour les adverbes *plus* ou *moins,* voyez ce qu'on a dit au num. 11.

La plupart de ces adverbes, joints aux adjectifs, aux verbes, ou à d'autres adverbes, restent invariables en espagnol. Tels sont *bastante, harto, mucho, demasiado* et *poco.* Exemples : ils parlent beaucoup : elle est trop hardie ; il arriva trop tard : *ellos hablan mucho ; es demasiado atrevida ; llegó demasiado tarde. Guère,* dans ce cas, se rend par *casi nada.*

Les adverbes *tanto* et *cuanto,* joints aux verbes, restent aussi invariables ; mais lorsqu'ils se joignent aux adjectifs et à d'autres adverbes, ils perdent la dernière syllabe. Voyez ce qu'on a dit au num. 10. Exemples : combien ces livres coûtent-ils ? ils coûtent autant que je vous avais dit : *cuanto cuestan esos libros ? cuestan tanto como yo habia dicho á Vd.* Qu'il [est méchant ! *cuan malo es !* Ne viens pas si tard que ton frère : *no vengas tan tarde como tu hermano.*

Dans tous les cas, il faut placer ces adverbes *tan, tanto, cuan, cuanto,* et les adjectifs *tanto, a, os, as, cuanto, a, os, as,* immédiatement avant ou après les verbes, les substantifs, les adjectifs, ou les adverbes auxquels ils se rapportent, sans interposer d'autres mots. Combien a-t-il gagné de batailles? Que M. Garcia est aimable! *Cuantas batallas ha ganado? Cuan amable es el señor Garcia!*

N.º 36. — *Adverbes terminés en* mente.

Ces adverbes répondent à ceux qui, dans le français, finissent en *ment*. Ils se forment tous en espagnol par ces deux syllabes *mente*, ajoutées à la terminaison féminine des adjectifs, quelle que soit d'ailleurs leur terminaison masculine. Ainsi, les adjectifs *alto, prudente, útil, cortes, santísimo,* font *altamente, prudentemente, útilmente, cortesmente, santísimamente.*

Lorsque dans la phrase il y a plusieurs adverbes terminés en *mente,* et placés les uns immédiatement après les autres, ils perdent tous les syllabes *mente,* excepté le dernier. Exemple : Il régna sagement, justement et glorieusement ; *reinó sabia, justa y gloriosamente.*

N.º 37. — *Liste de Prépositions de l'espagnol.*

A, à ; *ante,* avant ; *bajo,* sous, *con,* avec ; *contra,* contre ; *de,* de ; *desde,* dès ; *durante,* pendant ; *en,* en et dans ; *entre,* entre et parmi ; *excepto,* excepté ; *hácia,* vers, *hasta,* jusque ; *menos,* moins ; *mediante,* moyennant ; *mientras,* pendant ; *para,* pour ; *por,* par ou pour ; *cuando,* signifiant lors de (elle est peu usitée); *salvo,* sauf ; *segun,* selon et suivant ; *sin,* sans ; *so* (il a vieilli), sous ; *sobre,* sur ; *tras,* après ou derrière.

On peut y rapporter certains adverbes et d'autres mots

qui se joignent aux prépositions *de* et *á*. Tels sont les suivans : *ademas de*, outre ; *antes de*, avant ; *cerca de*, près
de ; *debajo de*, dessous ; *delante de*, devant ; *dentro de*, dans ;
despues de, après ; *detras de*, derrière ; *encima de*, sur ; *fuera
de*, hors ; *lejos de*, loin de. On voit qu'ils ne portent pas le
de en français, excepté *près* et *loin*. *Tocante* se joint à la
préposition *á* : *junto* et *respecto* se joignent à l'une ou à l'autre de ces prépositions. Exemples : *tocante á esto* ; relativement à cela : *junto á* ou *de la ciudad* ; près de la ville : *respecto
á* ou *de tu negocio* ; relativement à ton affaire.

N.º 38. — *Des prépositions* à, en *et* de.

Lorsqu'on veut marquer l'endroit où l'on fait une chose,
les Français emploient très souvent la préposition *à* ; mais en
espagnol, on doit employer la préposition *en*. Exemples :
être, demeurer, rester à Paris, à la maison, en Espagne, au
Mexique, aux Indes : *estar, vivir, quedarse en Paris, en la
casa, en España, en Méjico, en las Indias*. Cela a lieu quand
même le verbe exprimerait mouvement, si ce mouvement se
faisait sans sortir de l'endroit. Exemples : débarquer à Cadix ;
voyager dans la France ; se promener au jardin : *desembar-
car en Cadiz* ; *viajar en Francia* ; *pasearse en el jardin*.
Entrer au Palais, à l'Eglise, en Allemagne ; *Entrar en el
Palacio, en la Iglesia, en Alemania*.

Au contraire, lorsqu'on veut marquer l'endroit vers lequel
on va, on emploie en espagnol la préposion *á* ou *para*, bien
que l'on emploie souvent en français la préposition *dans* ou
en. Exemples : aller en Espagne, retourner en France, dans
les Pays-Bas, à Milan, dans l'Italie : *ir á España* ou *para Es-*

paña ; *volver á Francia, á los Paises Bajos, á Milan, á Italia.*

On emploie aussi la préposition *á*, en espagnol, aux cas suivans : 1° Avant le régime direct des verbes actifs, dans les cas détaillés au num. 41. 2° avec les verbes de mouvement suivis d'un autre verbe au présent de l'infinitif, pour exprimer un acte futur. Exemple : Jean vient voir la ville, il ira ensuite visiter sa famille : *Juan viene á ver la ciudad, él irá despues á visitar á su familia.* 3° devant le prix des choses, et ordinairement pour les dates. Exemples : vingt francs l'aune ; dix sous la livre ; le 5 juin : *á veinte francos la vara ; á diez sueldos la libra ; á cinco de junio,* ou *el cinco de junio.*

La préposition *de* est employée, en espagnol, à la place de la préposition *à* française, pour signifier l'usage auquel on destine les choses. Exemples : un pot à l'eau ; une boîte à tabac : *un jarro de agua ; una caja de tabaco.* Un bateau à vapeur, un moulin à vent : *un barco de vapor ; un molino de viento.* On l'emploie aussi avec le verbe *être,* pour signifier la propriété qu'on a d'une chose. C'est à Jean : *es de Juan.* Ajoutez-y les phrases : c'est à craindre ; donner à manger : *es de temer ; dar de comer,* et d'autres que l'usage apprendra.

N.º 39. — *Des Prépositions* por *et* para *: en français,* par *et* pour.

La préposition française *par* se rend en espagnol par la préposition *por.* Exemples : en allant par la rue ; cela a été ordonné par le roi ; il le fait par crainte : *yendo por la calle ; esto ha sido mandado por el rey ; lo hace por miedo.*

La préposition française *pour* se rend, en espagnol, tantôt par la préposition *por*, tantôt par la préposition *para* ; et il n'y a pas de règles bien fixes qui puissent déterminer les cas où chacune d'elles doit être employée. Voici cependant ce qu'on fait le plus souvent :

On emploie ordinairement la préposition *para*, lorsque le *pour* français répond aux prépositions *ad* et *in* du latin, ou à un datif. Exemples : Pierre est parti pour l'Italie ; laissons cette affaire pour demain ; la pluie est convenable pour la vé-gétation : *Pedro ha salido para Italia ; dejemos este asunto para mañana ; la lluvia es conveniente para la vegetacion.*

On emploie ordinairement la préposition *por*, lorsque le *pour* français répond aux prépositions latines *pro* et *propter.* Exemples : Jean parla au ministre pour ton frère ; donnez-moi votre habit pour le mien ; il le fit pour l'amour de Dieu ; vous l'aimez pour sa modestie : *Juan habló al ministro por tu hermano ; deme Vd. su vestido por el mio ; lo hizo por el amor de Dios ; Vd. le ama por su modestia.*

Cependant ces règles ne sont pas sans exception ; et d'ailleurs il y a des cas où l'on ne peut en faire l'application : il faut donc consulter l'usage des meilleurs auteurs espagnols.

N.º 40. — *Liste des principales Conjonctions de l'espagnol.*

Copulatives : *y* ou *é*, et ; *tambien* et *aun*, aussi ; *que*, que ; *ni*, ni ; *pues*, donc ; *ahora bien*, or ; *asi que*, ainsi donc ; *enfin*, enfin.

Disjonctives : *ó* ou *ú,* ou ; *ya,* soit ou tantôt.

Adversatives : *mas,* mais ;-*pero* et *empero,* mais ; *aunque,* quoique ; *bien que,* bien que.

Restrictives : *sino,* sinon, si ce n'est ; *siquiera* et *á lo menos,* au moins ; *á menos que,* à moins que.

Conditionnelles : *si,* si ; *con tal que,* à condition que ; *dado que,* supposé que ; *caso que,* au cas que ; *como,* signifiant *si* (*como estudies te premiaré*; si tu étudies, je te récompenserai).

Causatives : *pues,* donc ; *porque,* car ou parce que ; *pues que,* puisque.

Comparatives : *como,* comme ; *así,* aussi ; *así como,* ainsi que.

Motivales : *porque, paraque,* pour que ; *á fin que,* afin que.

Observations sur quelques-unes des Conjonctions.

La conjonction *que* est souvent employée en français pour lier les divers membres des phrases régies par les conjonctions *si, quand même, lorsque, parce que,* etc. Dans ce cas, elle est supprimée en espagnol. Exemples : si tu l'as fait, et que tu ne veuilles pas l'avouer, tu seras puni : *si lo has hecho, y no quieres confesarlo, serás castigado.* Aussitôt que nous fûmes entrés et que nous nous fûmes assis ; *luego que entramos y nos sentamos.*

Les conjonctions *y* et *o* sont remplacées par les conjonctions *e* et *u*, lorsque la première est suivie d'un *i* et la seconde d'un *o* : *Juan é Ignacio* ; *coser é hilar* ; *Palenciá ú Oviedo, fama ú honra*. Mais on doit dire *otro y yo* ; *comer y yantar* ; *Cadiz ó Valencia*.

Interjections.

Les interjections, en espagnol comme en français, sont des mots indéclinables, qui servent à exprimer un sentiment de l'ame, ou à réveiller l'attention des autres.

Il n'est pas facile de les réduire à des classes déterminées, parce que très souvent les mêmes servent dans des cas divers pour exprimer les sentimens les plus opposés. Ainsi les interjections *ah! ay! oh!* expriment indifféremment la tristesse, la joie, l'indignation, le mépris, l'admiration, etc.

Voici les plus usitées : *ah! ay! oh! ce, ha, he, ola, to, chito, ea, sus, ta, tate.*

CHAPITRE VII.

DE LA SYNTAXE ESPAGNOLE.

N.º 41. — *Accord et régime.*

Accord des relatifs. — Les relatifs prennent en espagnol, comme en français, le genre et le nombre du substantif auquel ils se rapportent, et qu'on appelle leur antécédent.

Il faut excepter de cette règle le relatif *cuyo, a, os, as,* lequel doit s'accorder en genre et en nombre avec le substantif suivant, et non pas avec celui qui le précède, et dont il est le relatif : *el amigo en cuya proteccion yo confiaba,* etc.: l'ami dans la protection duquel je me confiais. Voyez ce qu'on en a dit aux num. 22 et 24.

Accord du sujet et du verbe. — Dans le français, on emploie souvent les verbes neutres comme impersonnels, de manière qu'ils sont précédés du pronom *il,* et qu'ils s'accordent avec lui, quel que soit le nombre et le genre du sujet qui vient après ; mais dans l'espagnol, il faut suivre la règle commune, en supprimant le pronom, et en accordant le sujet et le verbe. Exemples : il est arrivé des accidens ; il fait des grandes chaleurs ; *han sucedido desgracias : hacen grandes calores.*

Cependant il faut excepter le verbe *haber,* lequel, dans ce cas, est toujours employé à la troisième personne du singulier. *Hay muchos soldados*; *habrá grandes fiestas*; *ha habido alborotos* : il y a beaucoup de soldats; il y aura de grandes fêtes; il y a eu des troubles. Si l'on veut désigner une époque, on lui substitue presque toujours le verbe *hacer*, qu'on met aussi à la troisième personne du singulier. Il y a quinze jours; il y aura trois ans : *quince dias ha*, et plus souvent *hace*; *tres años habrá*, et plus souvent *hará*.

Régime direct. — Ce régime est placé toujours en français sans aucune préposition; mais dans l'espagnol, il est précédé de la préposition *á*, lorsqu'il signifie un être raisonnable quelconque, ou qu'il est nom propre de royaumes, de provinces et de villes, si, dans ce second cas, il ne porte pas l'article. En voici des exemples : L'homme doit aimer Dieu et ses semblables; il doit visiter ses parens, ses protecteurs : *el hombre debe amar á Dios y á sus semejantes*; *él debe visitar á sus padres y á sus protectores*. Il prit et ruina l'Espagne, la France, le Portugal, etc.; *tomó y arruinó á España, á Francia, á Portugal*, etc. Il visita, répara, fortifia Valence et Séville : *visitó, reparó, fortificó á Valencia y á Sevilla*.

Mais le régime direct est employé sans préposition avec les noms d'êtres qui ne sont pas doués de raison, fussent-ils des noms propres d'un royaume, d'une province ou d'une ville, s'ils portent l'article en espagnol. On dira donc : *aman la virtud, el trabajo y la soledad*; *visitan los hospitales y las cárceles* : ils aiment la vertu, le travail et la solitude; ils visitent les hôpitaux et les prisons. On dira aussi : *visitó la Francia, el Portugal, la Habana*, etc. : il visita la France, le Portugal, la Havane.

N.º 42. — *Ordre dans les mots de la phrase.*

Les règles qu'on doit suivre dans l'espagnol, pour l'ordre des mots, ne sont pas si fixes que celles de l'accord et du régime. On peut établir en général que dans le style ordinaire de la conversation, et même dans celui des livres, on suit le plus souvent l'ordre grammatical des idées. Ainsi le sujet, le verbe, l'adverbe, le régime direct et le régime indirect, se succèdent respectivement dans l'ordre énoncé, et l'on joint à chacune de ces parties du discours les mots qui en dépendent, c'est-à-dire les articles, les adjectifs, les relatifs et les autres mots qui leur sont subordonnés. Cependant on ne suit pas cet ordre avec autant de rigueur dans l'espagnol que dans le français. Dans le style élevé, et surtout dans la poésie, la langue espagnole laisse une très grande liberté pour les inversions.

Le détail de cette partie de la Grammaire est fixé par le génie de la langue, et il ne peut être bien connu ni bien saisi que par la lecture fréquente et réfléchie de ses grands modèles, et par une conversation assidue avec les personnes de bon goût qui la possèdent. Mais il ne sera pas hors de propos de faire quelques observations sur certains cas plus communs et plus nécessaires à connaître.

1° Il faut faire attention très particulièrement à donner aux pronoms la place qui leur convient dans leurs cas respectifs. Consultez ce qu'on a dit sur les pronoms personnels, au num. 17 et sur les pronoms possessifs, au num. 21.

2° On ne sépare pas en espagnol le participe passif de son auxiliaire *haber* pour y interposer l'adverbe, les pronoms, etc., comme on le fait souvent en français. Exemples : le ministre l'a bien reçu ; avez-vous dîné ? *El ministro lo ha recibido bien ; ¿han comido Ustedes? ¿habeis comido vosotros?*

Cependant on y interpose les pronoms personnels dans les cas qu'on a expliqués au num. 17. *Habiéndolos visto ; despues de haberle hablado ; habianle robado,* etc. : les ayant vus ; après lui avoir parlé ; ils l'avaient volé, ou on l'avait volé.

3° On doit remarquer qu'il y a plusieurs adjectifs dont la signification change selon qu'ils sont mis avant ou après leurs substantifs. Tel est l'adjectif *cierto* : *cierta cosa,* une certaine chose, une chose qu'on ne veut pas nommer ; *una cosa cierta,* une chose certaine, dont on est assuré. Tels sont aussi les adjectifs *grande, caro, bueno, nuevo, vario,* etc. *Gran caballo, caro amigo, buen hombre, nueva morada, varios papeles,* signifient ordinairement tout une autre chose que *caballo grande, amigo caro, hombre bueno, morada nueva, papeles varios.* C'est l'usage qui donnera la connaissance de ces détails.

4° Les adverbes monosyllabes *bien, mal, trop,* sont placés en français avant le présent de l'infinitif. En espagnol, on met cet infinitif avant les mots qui répondent à ces adverbes. —Exemples : il veut trop manger ; *quiere comer demasiado ;* Vous avez bien parlé : *Vd. ha hablado bien.*

5° Nous avons dit aux num. 11 et 35 quelle est la place des mots dans les phrases où se trouvent les adverbes et les adjectifs *tan, tanto, cuan, cuanto.*

6° Il y a cependant quelques cas où il sied mieux de supprimer l'inversion qui se trouve en français. Exemples: c'est d'un homme très éclairé que je vous parle : *hablo á Usted de un hombre muy ilustrado.* Ce furent des Romains qui...; *los Romanos fueron los que...*

N.º 43. — *Liaison des phrases et longueur des périodes.*

La langue castillane ne s'accommode pas du style coupé qui sied si bien à la langue française. Il lui faut une certaine étendue dans les périodes, sans laquelle elle ne peut déployer sa richesse, sa magnificence et sa variété, ni faire sentir l'harmonie qui en résulte, et dont elle est jalouse.

Il n'est pas facile de donner des règles sur ce point. Le bon usage est le meilleur guide pour les étrangers, et ils doivent étudier les livres classiques castillans, et fréquenter les Espagnols qui parlent le mieux leur langue.

Nous croyons cependant utile de faire quelques observations sur les cas les plus fréquens, où la phrase française doit prendre en espagnol une tournure plus large et plus arrondie, pour s'accommoder mieux au génie de cette langue. Elles serviront à fixer l'attention des commençans sur cette espèce de phrases, lorsqu'ils les trouveront dans les écrits ou dans la conversation ; et à les leur rappeler lorsqu'ils auront à les employer.

Ces observations se bornent à indiquer les manières les plus communes et les plus faciles de faire ces changemens.

La première et la plus simple est de réunir deux ou trois périodes par l'interposition de la conjonction *y*.

La deuxième est de réunir les périodes par l'interposition des conjonctions adversatives *mas, pero, sin embargo de que, no obstante que*, ou de celles-ci *porque, afin de que*, etc.

La troisième manière est d'employer les pronoms relatifs *que, quien, el cual.*

La quatrième manière est d'employer les gérondifs à la place des temps définis (1).

Ces diverses manières et quelques autres semblables, spécialement la troisième et la quatrième, rendent plus facile l'inversion dans l'ordre de mots dont nous avons parlé.

N.° 44. — *Répétitions des mots.*

Dans la langue espagnole, on évite ordinairement la répétition des mots qui sont déjà exprimés dans la même phrase ou dans la précédente, à moins qu'on ne veuille donner plus d'énergie au discours. Ils sont très sages et très justes : *son muy sabios y justos.*

Il se leva et s'habilla sur-le-champ : *se levantó y vistió inmediatamente.*

Tu dois régler tes dépenses et tes plaisirs : *debes arreglar tus gastos y diversiones* (2).

On peut cependant répéter les mots comme en français, et on le fait ordinairement, lorsqu'on veut donner de l'énergie au discours.

Il y a même certains cas où l'espagnol emploie le pléonasme, spécialement pour le pronom personnel régime. Voyez le num. 18.

(1) Si l'ont veut trouver des exemples de ces diverses manières d'accommoder la tournure française au génie de l'espagnol, on consultera le volume de la *Traduction de l'espagnol,* où l'on en a mis un grand nombre. On en trouvera aussi dans le volume de la *Traduction du français en espagnol.*

(2) Voyez plusieurs autres exemples dans les volumes cités ci-dessus.

CHAPITRE VIII.

EMPLOI DES DIVERS MODES ET TEMPS DES VERBES.

N.º 45. — *Présent de l'infinitif :* aimer, *amar,* etc.

Lorsque ce temps est le sujet de la phrase, il est ordinairement précédé en espagnol de l'article masculin. Exemple : *el saber muchas lenguas es útil ;* il est utile de savoir plusieurs langues. Mais s'il est au régime direct, on le place ordinairement sans article : *yo deseo verle ; procuraré hablarles ;* je désire de le voir ; je tâcherai de leur parler.

Le présent de l'infinitif, soit sujet, soit régime direct, n'admet pas le *de* qui le précède souvent en français, comme on voit dans les exemples précédens. Il ne l'admet ordinairement que lorsqu'il est régime indirect, soit d'un verbe, soit d'un nom, soit d'une préposition, qui demandent par eux-mêmes le régime avec le *de.* Exemples : *se arrepiente de haber pecado ; el peligro de morir ; iré antes de comer :* il se repent d'avoir péché ; le danger de mourir ; j'irai avant de dîner. On reconnaît que c'est un régime indirect parce qu'on emploierait le *de,* quand même on y substituerait un substantif : *se arrepiente del pecado ; el peligro de muerte ; antes de la comida.*

Lorsque le présent de l'infinitif est régi par un autre verbe, et que le sujet du premier est différent de celui du second, on le rend le plus souvent en espagnol par le subjonctif, précédé de la conjonction *que*. Exemples : il te permit d'écrire ; je vous ordonne de vous taire. On peut dire en espagnol : *te permitió escribir; yo le mando á Vd. callar.* Mais on dit le plus souvent : *te permitió que escribieses ; yo le mando á Vd. que calle.* Il y a même des verbes qui, dans ces cas, demandent exclusivement le subjonctif : tels sont les verbes *suplicar, rogar, pedir, advertir, notificar, hacer saber, decir, escribir,* et quelques autres semblables. Exemples : je te prie de venir ; il nous écrivit de le faire. Il faut traduire *te ruego que vengas ; nos escribió que lo hiciésemos ;* et non pas *te ruego venir,* ni *te ruego de venir,* etc.

N.º 46. — *Participe présent :* aimant, *amante.*

Gérondif : en aimant, *amando.*

Les participes présens sont remplacés presque toujours en espagnol par les gérondifs. Exemples : j'ai vu ton frère écrivant une lettre : *he visto á tu hermano escribiendo una carta.* On les remplace aussi par le relatif *que* et le verbe employé au temps convenable de l'indicatif. Dans le cas précédent on peut dire : *he visto á tu hermano que escribía una carta.*

Le gérondif espagnol est rarement précédé de la particule *en.* Si elle se trouve, il prend ordinairement une autre signification, celle de *dès que* ou *après que.* Exemple : *en comiendo iré*; j'irai après avoir dîné.

Les espagnols emploient très souvent le gérondif, en ajoutant le verbe *estar* aux temps et personnes où l'on devrait placer le verbe principal. *Está escribiendo*; *está hablando con N*; au lieu de *escribe, habla*. En français, on dirait : il est à écrire; il est à parler. Souvent même ils mettent les verbes *ir* ou *andar*, surtout avec les verbes qui expriment un mouvement ; *iba paseando, andaba saltando*, au lieu de *paseaba, saltaba*. Ces diverses manières d'employer le gérondif, non seulement rendent l'expression plus énergique, mais elles mettent quelques nuances dans la signification, en supposant et en rendant sensible la continuation de l'action. Aussi ne saurait-on les employer lorsque la chose exprimée n'admet ni succession ni répétition d'actes, comme dans les phrases suivantes et autres semblables : *le dió una bofetada*; *le nombró gobernador de un castillo* ; *dile que no lo haré* : il lui donna un soufflet; il le nomma gouverneur d'un château ; dis-lui que je ne le ferai pas.

N.º 47. — *Participe passif :* aimé, *amado.*

Le participe passif, joint à l'auxiliaire *haber*, ne s'accorde jamais avec le régime. Exemple : les dames que nous avons vues : *las señoras que hemos visto*. Mais on fait cet accord, lorsque l'on emploie le verbe *tener*, quand même le régime serait placé après le participe. *Tengo escritas varias cartas al señor Lopez* : j'ai écrit plusieurs lettres à M. Lopez.

Remarquez qu'il y a dans quelques verbes deux participes passifs, l'un régulier, l'autre irrégulier. Tels sont *bendecido* et *bendito, confundido* et *confuso, convencido* et *convicto*, et plusieurs autres. Mais on n'emploie pas indifféremment ces deux participes. On emploie toujours le participe régulier avec les verbes auxiliaires *haber* et *ser*; au lieu que le participe irrégulier ne s'y joint jamais. Au contraire, il faut se servir du participe irrégulier lorsqu'il est employé comme une espèce d'adjectif. En conséquence, on doit dire : *Vd. ha omitido tal cosa; las artes se han perfeccionado mucho :* vous avez omis telle chose ; les arts se sont beaucoup perfectionnés. On n'y pourrait pas substituer les participes irréguliers *omiso, perfecto.* De même il faut dire : *el señor Perez estuvo omiso en este negocio; iban juntos en el viage :* M. Perez fut négligent dans cette affaire ; ils allaient ensemble dans le voyage. On n'y saurait substituer les participes réguliers *omitido, juntado.*

Exceptez *preso, impreso, prescrito, provisto* et *roto,* qu'on emploie avec les auxiliaires *haber* et *ser* tout aussi bien que les participes réguliers ; et même *roto, impreso* et *prescrito* sont plus usités que *rompido, imprimido* et *prescribido.* Les participes irréguliers *injerto, opreso* et *supreso* se trouvent aussi employés quelquefois avec les verbes auxiliaires.

Il y a d'autres participes dont la terminaison est passive, et la signification active. Tels sont *acostumbrado,* celui qui a coutume ; *agradecido,* reconnaissant ; *atrevido,* hardi ; *bien cenado,* qui a bien soupé ; *entendido,* intelligent, entendu ; *esforzado,* qui a du courage, brave, etc, etc.

Voyez dans la *Grammaire complète* les listes de ces deux espèces de participes.

N°. 48. — *Indicatif.*

On emploie l'indicatif, en espagnol, presque de la même manière et dans les mêmes cas qu'en français. Voici cependant quelques différences :

1° Lorsqu'après un superlatif relatif (*le meilleur, le mieux, le pire, le pis, le moindre, le moins, le plus*), on emploie un relatif (*qui, que, dont, lequel, où*), les Français mettent le verbe au subjonctif, et les Espagnols le mettent à l'indicatif. C'est le meilleur parti qu'on ait pu tirer : *es el mejor partido que ha podido sacarse.*

2° Les conjonctions adversatives *bien que, quoique, malgré que,* demandent toujours en français le verbe au subjonctif; mais si la phrase exprime une affirmation positive, on emploie en espagnol le verbe à l'indicatif. Exemple : quoique je fusse malade, il ne me visita pas ; *aunque yo estaba enfermo, no me visitó.* Mais si la phrase n'exprime pas une affirmation positive, il faut employer le subjonctif en espagnol comme en français. Exemple : quoiqu'il fût tombé malade, je ne l'aurais pas visité : *aunque hubiera caido enfermo, yo no lo hubiera visitado.*

N°. 49. — *Présent de l'Indicatif :* j'aime, yo amo.

Lorsque ce temps est précédé par la particule conditionnelle *si*, et qu'il exprime une action future, on peut mettre dans l'espagnol le futur du subjonctif ; mais on peut aussi employer le présent de l'indicatif. Exemple : nous irons à Paris, si le temps est beau ; *iremos á Paris, si el tiempo es* ou *fuere bueno.*

Mais si l'on exprime une action présente, on ne peut employer que le présent de l'indicatif. Si vous êtes malade, c'est votre faute : *si Vd, está enfermo, es culpa suya,*

N.º 50. — *Imparfait :* j'aimais, *yo amaba.*

Dans les phrases conditionnelles, l'un des membres est exprimé en français par l'imparfait de l'indicadif, précédé de la particule *si,* et l'autre par le conditionnel. Exemple : si j'avais de l'argent, je t'en prêterais. Dans ce cas, on rend dans l'espagnol cet imparfait de l'indicatif par un des imparfaits du subjonctif. *Si yo tuviese* ou *tuviera dinero, te prestaria.*

Mais si aucun des membres de la phrase conditionnelle ne se trouve en français au conditionnel, on emploie en espagnol le même temps qu'en français. A Rome, si l'on tuait son esclave, on n'était pas puni ; si tu étais malade c'était ta faute ; il me demanda si je voulais le faire : *en Roma, si uno mataba á su esclavo, no era castigado ; si estabas enfermo, era culpa tuya ; me preguntó si queria hacerlo.*

N.º 51. — *Prétérit défini :* j'aimai, *yo amé.* *Prétérit indéfini :* j'ai aimé, *yo he amado.*

Les espagnols emploient généralement le prétérit défini toutes les fois qu'il se rapporte à une époque déterminée, et que le temps indiqué dans la phrase est entièrement écoulé. Ainsi on rend par le prétérit défini espagnol toutes les phrases qui sont à ce temps en français, et même plusieurs qui se trouvent au prétérit indéfini. Exemples : Il y a sept ans que j'ai été à Madrid ; j'ai eu la fièvre tierce l'année passée : *hace siete años que estuve en Madrid ; tuve tercianas el año pasado.*

Lorsqu'il manque une de ces deux conditions, il faut employer en espagnol, comme en français, le prétérit indéfini. Exemples : Il a beaucoup gelé cette année ; les Russes ont vaincu plusieurs fois les Turcs : *este año ha helado mucho ; los Rusos han vencido muchas veces á los Turcos.* Si dans cette dernière phrase on fixait l'époque par un adverbe ou d'une autre manière quelconque, en y ajoutant, par exemple, les mots *sur ces entrefaites*, ou *alors*, ou *dans l'an* 1760, il faudrait employer en espagnol le prétérit défini *vencieron*.

N.º 52. — *Futur :* j'aimerai, *yo amaré.*

Lorsque ce temps annonce l'avenir d'une manière contingente et suppositive, on emploie dans l'espagnol le présent ou le futur du subjonctif. On reconnaît cette forme contingente à ce que ce futur est lié par quelque conjonctif à un autre futur positif et affirmatif, ou à un impératif. Exemples : écris le plus vite que tu pourras ; vous ferez le mieux que vous pourrez : *escribe lo mas ligero que puedas* ou *pudieres ; Vd. hará lo mejor que pueda* ou *pudiere.* Dis tout ce que tu voudras : *di todo lo que quieras* ou *quisieres :* je vous enverrai la lettre aussitôt que je la recevrai ; tu iras au marché quand ton maître se lèvera : *yo os enviaré la carta luego que la reciba* ou *recibiere ; irás al mercado cuando tu amo se levante* ou *levantare.* Lorsque vous voudrez ; comme il l'ordonnera : *cuando Vd. quiera* ou *quisiere ; como lo disponga* ou *dispusiere.*

N.º 53. — *Conditionnel.*

On traduit le conditionnel français par les imparfaits du subjonctif espagnol, lorsqu'il est précédé de la conjonction *quand* ou *quand même.* Exemple : quand il serait roi (cela équivaut à *fût-il roi*) ; *aunque fuese rey.*

On le fait aussi dans les phrases analogues à celles dont nous avons parlé au num. précédent, et dans lesquelles le futur de l'indicatif français est rendu par le futur du subjonctif espagnol. Exemples : il t'ordonna d'écrire le plus vite que tu pourrais ; il te permit de dire tout ce que tu voudrais : *te mandó escribir lo mas ligero que pudieses* ou *pudieras* ; *te permitió decir todo lo que quisieses* ou *quisieras*.

Dans l'espagnol, le conditionnel est souvent remplacé à volonté par le second imparfait du subjonctif, qui se termine toujours en *ra*. Exemples : il serait utile de faire la paix : *seria* ou *fuera útil hacer la paz*. L'homme serait heureux, s'il se contentait de peu : *el hombre seria* ou *fuera feliz, si se contentase con poco*. Que feriez-vous dans ce danger? *que haria* ou *hiciera Vd. en este peligro?* Combien il me serait agréable de voyager! *cuan agradable me seria* ou *fuera el viajar!* Je voudrais vivre tranquille : *yo querria* ou *quisiera vivir tranquilo*.

On peut consulter la *Grammaire complète* pour fixer les cas où ce remplacement ne peut pas avoir lieu.

N.º 54. — *Temps du Subjonctif.*

Voyez ce qu'on dit aux num. 45, 48, 50 et 56.

On doit ajouter qu'on supprime en espagnol la particule *ne*, que les Français emploient au subjonctif, lorsqu'il est régi par les verbes *craindre, appréhender, avoir peur, avoir crainte* et *empêcher*, sans négation ; ou par les verbes *douter* et *nier*, avec négation. Exemples : je crains qu'il ne vienne ; *temo que venga*. Il empêcha qu'on n'outrageât le Préfet ; *impidió que ultrajasen al Prefecto*. Je ne doute pas qu'il n'y consente ; *no dudo que consienta en ello*.

N.º 55. — *Futur du Subjonctif* : yo amare, yo temiere.

Ce temps n'est pas connu dans la conjugaison française : il est toujours lié par une phrase ou un mot conjonctif à un autre membre de la phrase principale, comme tous les temps du subjonctif, et il exprime la chose d'une manière conditionnelle et contingente. Quelquefois il remplace le présent de l'indicadif, comme nous avons expliqué au num. 49. D'autrefois il remplace le futur de l'indicatif français, selon ce que nous avons dit au num. 52. Consultez ces deux numéros.

N.º 56. — *Impératif* : aime, *ama tu.*

Lorsque ce temps est précédé d'une négation, il faut employer dans l'espagnol le présent du subjonctif. Exemples : ne le dites pas ; que personne ne sorte : *no lo digais* ; *no salga nadie.*

Si l'on veut exprimer par l'impératif un commandement, on peut y substituer le futur de l'indicatif. Exemple : allez demain à la ville : *id mañana á la ciudad,* ou *mañana ireis á la ciudad.* Mais si l'on veut exprimer une prière, une exhortation, un désir, on ne peut pas employer le futur de l'indicatif : il faut employer l'impératif dans la phrase affirmative, et le présent du subjonctif dans la négative. Exemples : pardonne-moi ; ne me punissez pas : *perdóname* ; *no me castigueis.*

Il est aisé de remarquer que dans toutes ces diverses combinaisons l'impératif espagnol suit la construction latine.

Ne dicatis : nemo exeat : ite in civitatem : ibitis in civitatem : dilige Deum : diliges proximum : parce mihi : ne irascaris nobis.

N.º 57. — *De l'emploi des Verbes* ser *et* estar : *en français,* être.

Les deux verbes *ser* et *estar* se rendent en français par le verbe *être*; mais ils ne sauraient être employés indifféremment. Le verbe *ser* marque la nature, l'être, l'essence d'une chose ; et le verbe *estar* marque les rapports, la manière d'être de la chose, l'état dans lequel elle se trouve. Mais l'application aux cas particuliers offre de très grands embarras aux étrangers. Il y a, en effet, entre ces deux verbes des nuances presque imperceptibles et très difficiles à saisir ; et, dans plusieurs cas, ce n'est que l'usage qui décide de la préférence ou de l'exclusion qu'on doit donner à l'un de ces deux verbes.

D'un autre côté, l'emploi de ces verbes revient à tout instant dans toute espèce de discours, et il est de la dernière importance de le bien saisir. C'est pourquoi on a cru devoir entrer dans quelque détail, et distinguer les cas où le verbe *être* se trouve accompagné de substantifs seuls, de substantifs avec une préposition, d'infinitifs ou d'adjectifs.

1° Lorsque le verbe *être* se joint à des substantifs sans préposition, on le rend par le verbe *ser*. Il est Roi, médecin ; *es Rey, médico.* C'est un cordonnier, un maçon ; *es un zapatero, un albañil.* C'est un modèle de vertu ; c'est le jouet du peuple : *es un modelo de virtud ; es la irrision del pueblo.*

(89)

2° Lorsque le substantif qui suit le verbe *être* est régi par les prépositions *á, con* et *en*, on emploie le verbe *estar*. Exemples : il est au soleil, à cheval, à table ; *está al sol, á caballo, á la mesa*. Il est avec Pierre : *está con Pedro*. Il est dans une erreur, en disgrâce, en danger : *está en un error, en desgracia, en peligro*. Il est à Paris, au jardin, à la maison, sur le pont : *está en Paris, en el jardin, en la casa, en el puente*.

Mais on emploie le verbe *ser* presque toutes les fois que le substantif est régi par la préposition *de*, excepté lorsqu'il exprime une manière d'être placé, ou habillé. Exemples : cette croix est d'or, d'ivoire : *esta cruz es de oro, de marfil*. Pierre est de Paris, de l'Italie ; *Pedro es de Paris, de la Italia. Están de pie, de rodillas* ; ils sont debout, à genoux. *Está de duelo, de gala* ; il est en habit de deuil, de gala.

3° Avec le gérondif espagnol, on emploie toujours le verbe *estar* : *está comiendo* ; *estuvo hablando mucho tiempo* : il est à dîner ; il parla long-temps.

Avec les participes passifs on emploie le verbe *ser*, si c'est la voix passive. Exemples : les hommes ont été créés par Dieu ; la charité doit être exercée par tout le monde : *los hombres han sido criados por Dios* ; *la caridad debe ser ejercitada por todos*.

Dans les autres cas, on emploie le verbe *estar*. Exemples : les fenêtres étaient fermées ; cette maison est bien bâtie : *las ventanas estaban cerradas* ; *esta casa está bien construida*.

4° Lorsque le verbe *être* se trouve joint à des adjectifs, il faut examiner la signification de ces adjectifs. S'ils expriment des propriétés essentielles ou des qualités habituelles du cœur, de l'esprit, du corps, et même d'autres objets quelconques, on doit rendre le verbe *être* par *ser*. Exemples : l'or est jaune ; cette dame est française ; les hommes sont mortels ; M. Martinez est très savant ; ces demoiselles sont pieuses : *el oro es amarillo* ; *esta Señora es francesa* ; *los hombres son mortales* ; *el señor Martinez es muy sabio* ; *estas señoritas son piadosas*.

Mais on doit le rendre par le verbe *estar*, lorsque les adjectifs expriment une qualité, une affection, une émotion passagère, la manière actuelle d'être, l'état présent de la santé, ou quelque chose de semblable. Exemples : Madame est contente, Monsieur est malade : *la Señora está contenta, el Señor está enfermo*.

Les phrases dans lesquelles on emploie le verbe *estar* avec les adjectifs, répondent bien à une de ces questions : comment est-il ? où est-elle ? comment sont-ils ? où sont-elles. Celles qui demandent le verbe *ser* n'y répondent pas bien.

D'après ce que nous venons de dire, il est aisé d'observer qu'il y a une très grande différence dans l'espagnol entre ces phrases : *Pedro es colérico*, colère, ou *está colérico* ; *es alegre*, gai, ou *está alegre* ; *es feo*, laid, ou *está feo* ; *es viejo*, vieux, ou *está viejo* ; *es amable*, aimable, ou *está amable* ; *es gordo*, gras, ou *está gordo* ; *es flaco*, maigre, ou *está flaco* ; *es puerco*, sale, ou *está puerco* ; *es de buen humor*, de bonne humeur, ou *está de buen humor*. Cette différence est quelquefois si sensible, que, dans certaines circonstances, on peut dire d'une personne de 30 ou 40 ans : *está viejo*, et d'une personne de 60 ou 70 ans : *está joven* ; comme on pourrait dire d'une femme très belle, mais enlaidie par une maladie ; *es muy hermosa, pero está fea*. Voyez plusieurs autres applications dans la *Grammaire complète*.

CHAPITRE IX.

IDIOTISMES ET HOMONYMES.

N.º 58. — *Idiotismes.*

La connaissance des idiotismes de la langue espagnole étant de la plus grande importance pour ceux qui veulent l'apprendre, nous regrettons de ne pouvoir pas en donner le détail dans cet abrégé, et nous engageons les élèves à consulter la *Grammaire complète*, où l'on en a détaillé les plus usuels. Ici nous nous contenterons de les parcourir par classes et d'en donner quelques exemples.

1° Changemens dans le nombre des noms. La cervelle : *los sesos*. La jalousie : *los celos*. Les hardes : *la ropa*.

2° Inversion dans les mots. A la bonne heure : *en hora-buena*. Tôt ou tart : *tarde ó temprano*.

3° Addition ou suppression. Le sexe : *el bello sexo*. Un autre : *otro*. Tous les deux : *los dos*, ou *ambos*.

4° Changemens dans les comparaisons, proverbes et usages des pays. Front d'airain : *cara de baqueta*. Bâtir des châteaux en Espagne : *fabricar torres de viento*.

Portez ailleurs vos coquilles : *á otro perro con ese hueso*. Amor con amor se *paga* : *á bon chat, bon rat*.

Etre sur la paille : *estar de cuerpo presente*. Nom, celui de famille : *apellido* (Perez, Padilla, etc.). Prénom, *nombre* (Juan, Pedro, etc.).

5º Changement dans les verbes pronominaux. Se taire : *callar*. Se reposer : *descansar*. Rougir : *sonrojarse, avergoncarse*. Différer de : *diferenciarse de*.

6º Changement dans l'emploi des prépositions par suppression, addition ou remplacement. Hériter d'une maison : *heredar una casa*. Demander Jean : *preguntar por Juan*. Encourir l'indignation : *incurrir en la indignacion*.

Honorer d'une croix : *honrar con una cruz*. Nourrir de son : *alimentar con salvado*. Mettre au net : *poner en limpio*. Travailler au canal : *trabajar en el canal*. Aprocher du feu : *acercarse al fuego*. Content de son sort : *contento con su suerte*. Exact à ses devoirs : *exacto en sus deberes*.

N.º 59. — *Homonymes.*

La connaissance des homonymes n'est pas moins nécessaire que celle des idiotismes. On en trouvera un nombre considérable dans la *Grammaire complète*. En voici des exemples : Apprendre : par l'étude ; *aprender*. Par des nouvelles, etc.; *saber*. Enseigner : *enseñar*. Informer ; *informar, instruir*.

Argent : monnaie ; *dinero*. Métal, argenterie ; *plata*.

Arrêter : *detener*. Les revenus, etc., par voie de justice ; *embargar*. Les personnes ; *prender*. Donner des ordres : *decretar*.

Arriver : un événement ; *suceder, acontecer*. Parvenir : *llegar*.

Bois : pour brûler ; *leña*. Pour la charpente ; *madera*. Forêt ; *bosque, coto*.

Carte : de géographie ; *mapa*. De visite ; *targeta*. Pour jouer ; *naipe*.

CHAPITRE X.

ORTHOGRAPHE, PONCTUATION ET ACCENTUATION DANS L'ESPAGNOL.

N.º 60. — *Orthographe.*

La prononciation de la langue espagnole est tout-à-fait conforme à l'écriture, puisque toujours on y prononce toutes les lettres. Il n'y a d'exception que la lettre *u,* qui n'est pas prononcée dans les quatre syllabes *gue, gui, que* et *qui.*

On peut cependant se méprendre dans le choix de quelques lettres qui représentent le même son dans certains cas. Telles sont les lettres *B* et *V,* dont les Espagnols confondent ordinairement la prononciation. *C* et *Q* avant *a* et *o*; *C* et *Z* devant *e* et *i*; *J* et *G* avant les mêmes voyelles; et enfin l'*Y* et l'*I* latin. La lettre *H* offre aussi quelques difficultés, puisqu'elle ne se fait pas sentir dans la prononciation.

Il est très difficile de bien fixer des règles sûres pour décider ces cas; et il y en a plusieurs où l'usage seul peut nous guider. L'Académie de Madrid a donné dans son Orthographe une liste alphabétique des mots qui peuvent embarrasser dans le choix de lettres, et il est très utile de le consulter. Nous ne pouvons pas entrer dans ce détail; mais nous allons faire quelques observations qui décideront la plupart des cas. S'il en restait quelqu'un, on le déciderait par la liste que nous venons de citer, ou à l'aide d'un bon Dictionnaire.

1º *Règles pour le B et le V.*

On emploie le *b* devant toutes les consonnes : *blando, brusco, absolver, obtener, subrogar, obstruir ;* et après la lettre *m* : *ambar, embestir, urdimbre, hombre, cumbre.*

On emploie le *v* avant la lettre *n* : *inverso, enviar, convoy,* et dans presque tous les mots dont la prononciation finit par *ava, ave, avo, iva, ivo,* et dans leurs dérivés. Exemples : *octava, suave, dozavo, comitiva, donativo, motivo, suavidad, motivado,* etc.

Dans les autres cas on suit l'étymologie, et dans le doute on préfère le *b* ; mais il y a quelques exceptions que l'usage apprendra.

2º *Règles pour le C et le Z.*

Le son du *z* ne peut être jamais représenté par une autre lettre devant l'*a*, l'*o* et l'*u*. Il faut donc écrire : *zagal, tizon, azul.* Il en est de même à la fin d'un mot ou d'une syllabe quelconque. Exemples : *feliz, capaz, veloz, conozco, renazca,* etc.

Avant les voyelles *e* et *i*, on représente ce son par la lettre *c.* Écrivez donc : *cera, cipres, princesa, príncipe, concejo, concibo,* etc. Cette règle s'étend même au pluriel des mots dont le singulier finit en *z*, aux temps des verbes terminés en *zar*, et aux dérivés des uns et des autres. Exemples : *paz, paces, pacífico; feliz, felices, felicidad; capaz, capaces, capacidad* : *avanzar, avance, avances, los avances* ; *cazar, caceria,* etc.

3º *Règles pour le* C *et le* Q.

Avant l'*a*, l'*o* et l'*u*, on préfère le *c* au *q*, d'après la nouvelle orthographe. On écrit donc *cuando*, *cucstion*, *cuota, cuatro, frecuente,* etc. Dans l'ancienne orthographe, on employait le *q* lorsque l'étymologie le demandait : *quando, qüestion*, *quota, quatro, freqüente.*

4º *Règles pour le* J, *et le* G.

Avant l'*e* et l'*i* on préfère généralement le *G* au *J*, comme l'Académie de Madrid le remarque. *Gente, gigante, general, gitano.* Cependant on emploie le *j* non seulement devant l'*a*, l'*o* et l'*u*, mais aussi dans les diminutifs et tous les autres dérivés des mots qui s'écrivent par *ja* et *jo*. Exemples : *pajita, ajito, consejito, aconseje, aconsejes, trabajillos, trabajemos*, dérivés de *paja, ajo, consejo, aconsejar, trabajo, trabajar.* Il y a encore quelques autres mots dans lesquels l'usage a conservé le *j*, tels que *Jerusalem, Jesus, Jeremias,* etc.

5º *Règles pour l'*Y *et l'*I *latin.*

On doit employer l'*y* : 1º dans tous les mots où il a la force d'une consonne. Exemples *ya, yo, yantar, yergo, yerro, yerras, rayo, leyes, arguyo, proyecto, abyeccion, inyeccion,* etc. ; 2º lorsqu'il est conjonction : *Pedro y Juan comen y beben moderada y cortesmente* ; 3° lorsqu'à la fin des mots il fait une diphthongue avec la voyelle qui le précède. Exemples : *hay, ley, soy, Paraguay, grey, doy, estoy, muy, muley, convoy,* etc.

Dans tous les autres cas, on doit toujours employer l'*i* latin, quel que soit l'étymologie du mot. Écrivez donc : *Mártir, Crisóstomo, abismo, Caribdis, sintésis, fisica, silaba, silépsis,* etc.

Cependant on emploie l'*y* dans certains noms propres qui, étant peu usités, restent pour ainsi dire étrangers à l'espagnol, comme *Albany, Byrge, Sydney, Andelys, Hyde, Syderham,* etc.

6° *Règles pour l'*H.

On emploie l'*H* au commencement des mots dont la première syllabe est une de ces diphthongues *ia, ie, ue, ui.* Exemples : *hiato, hiel, hiena, huerto, hueco, hueste, huir.* Cela a lieu même dans les noms dont les primitifs ou les dérivés n'admettent pas le *h.* Exemples : *huele, huelo, huerfano, hueso, huevo,* bien qu'on écrive *oler, orfandad, osario, ovar.* Les mots *uesle, uesnorueste, uessudueste,* ne prennent pas le *h,* parce que les voyelles *ue* forment deux syllabes.

On l'emploie aussi dans presque tous les mots d'origine latine qui avaient en latin un *h* ou un *f.* Tels sont les suivans : *hombre, haber, honor, adherir, anhelar,* qui dérivent des mots latins *homo, habere, honor, adhærere, anhelare* ; et *hacer, hierro, hijo, higo,* qui dérivent de *facere, ferrum, filius, ficus.* On écrivait anciennement ces derniers par un *f* : *facer, fierro, fijo, figo.*

7º *Remarques sur les Lettres doubles.*

Dans l'espagnol, on ne double aucune consonne, si ce n'est le *n*, comme dans les mots *innato, innegable*, etc. Quelquefois on double le *c* avant l'*e* et l'*i*, comme dans les mots *acceso, accion*, etc.; mais dans ce cas le premier a un son bien différent du second.

On n'écrit plus *paríssimo, apparato, illustre, addicion*, etc., on écrit *purísimo, aparato, ilustre*, etc.

N.º 59. — *Particularités de la Ponctuation espagnole.*

1º Dans l'espagnol, il y a deux signes de plus pour la ponctuation que dans le français. Ce sont le point admiratif et le point interrogatif renversés, que l'on figure ainsi (¡ ¿). On les place au commencement des phrases admiratives et interrogatives, et ils servent à faire remarquer au lecteur ce commencement, afin qu'il comprenne d'abord et plus facilement le sens de la phrase, et qu'il donne à la voix l'inflexion convenable. Lorsqu'il y a de suite plusieurs exclamations ou interrogations, c'est l'usage de ne mettre ces points renversés qu'à la première phrase. On trouvera à chaque pas des exemples de tous ces cas.

2º Les pronoms personnels placés après les verbes, se réunissent à ceux-ci pour former un seul mot, comme nous avons expliqué au num. 17. Écrivez donc : *amadle, amándolos, encárgaselo*, etc.

3º L'apostrophe usitée en français dans la rencontre de

certaines voyelles, comme dans les cas suivans : *l'a, l'e, l'homme, s'y, n'est,* etc. n'a pas lieu dans l'espagnol.

4° La ponctuation espagnole est moins chargée ordinairement que la ponctuation française. En effet, lorsque les repos de la voix, marqués par la virgule ou par les autres signes, ne sont pas nécessaires pour la clarté de la phrase ni pour la commodité de la respiration, les Espagnols penchent plutôt pour épargner que pour multiplier ces signes. Cela tient apparemment à ce que la langue espagnole n'aime pas le style trop coupé ; et comme ses périodes sont bien plus longues, il est convenable que les membres qui les composent, aient aussi une plus grande étendue,

N.° 60. — *Accens aigus.*

En parlant de la prononciation de l'espagnol, nous avons remarqué que dans tous les mots de cette langue il y a une syllabe longue, c'est-à-dire une syllabe sur laquelle on appuie, au lieu qu'on prononce les autres plus rapidement. Nous avons aussi donné des règles pour fixer quelle est dans chaque espèce de mots cette syllabe longue. Or, si un mot quelconque suit les règles qu'on a établies, on ne doit pas l'accentuer ; mais s'il s'en écarte, cette exception doit être marquée par un accent aigu qu'on place sur la voyelle de la syllabe longue.

En conséquence de ce principe, et conformément à ce qu'on a dit au num. 3, on établit pour l'accentuation les six règles ci-dessous.

Première règle. Les monosyllabes sont longs, et on ne les accentue pas. Exemples : *va, vas, van, ser, dan, ton,* etc.

(Voyez le num. 3 et sa note). On accentue cependant les mots *el*, *mi*, *tú*, pronoms personnels ; *si*, pronom ou particule négative : *dé* et *sé*, personnes des verbes *dar*, *ser* et *saber*. Par cet accent, on les distingue des mots suivans : *el*, article ; *mi* et *tu*, pronoms possessifs ; *si*, particule conditionnelle ; *de*, préposition ; *se*, pronom personnel.

On accentue aussi la préposition *á*, et les conjonctions *é*, *ó*, *ú*, pour mieux marquer qu'elles forment un mot par elles-mêmes.

Deuxième règle. Les polysyllabes qui finissent par une seule voyelle, doivent être accentués lorsque l'appui de la voix ne tombe pas sur leur syllabe pénultième : *pié*, *allá*, *allí*, *café*, *alelí*, *carmesí*, *Belcebú*, *cámara*, *espíritu*, *tabernáculo*.

Troisième règle. Dans les mots qui finissent par deux voyelles on écrit l'accent sur la voyelle longue : 1° si la première de ces deux voyelles est un *i* ou un *u* long ; 2° si la seconde de ces voyelles est un *a*, un *e* ou un *o* bref : *Andalucía*, *desafío*, *García*, *rocío*, *ganzúa*, *línea*, *cutáneo*, *héroe*, *purpúreo*, *virginea*.

Quatrième règle. Les polysyllabes qui finissent par une consonne, doivent être accentués lorsque leur syllabe pénultième ou antépénultième est longue. Tels sont *árbol*, *crisis*, *lúnes*, *alférez*, *énfasis* ; *génesis*, *análisis*, etc.

Exceptez-en les noms de famille terminés en *es* ou *ez*, tels que *Perez*, *Martinez*, *Fernandez*, *Cervantes*, etc.

Les mots *antes*, *entonces*, *lejos*, *menos*, et *mientras*, sont aussi employés ordinairement sans l'accent, bien qu'ils aient leur syllabe pénultième longue.

Cinquième règle. Les pluriels de tous les noms suivent l'accentuation de leurs singuliers, quelle que soit d'ailleurs la classe à laquelle ils appartiennent. En conséquence, on ne doit pas accentuer les suivans : *dones, peligros, precipitados, convoyes, canales, ciencias, imperios, desagües, bacalaos, Ponzoás, los Perez, los Arguelles.*

Par la même raison, on doit accentuer les pluriels : *Piés, cafés, tés, alelies, carmesíes, cámaras, tabernáculos, Andalucias, desafíos, líneas, héroes, árboles, los lúnes, las crísis,* etc.

Exceptez-en les deux pluriels *caractéres* et *regímenes,* qui changent l'accentuation de leurs singuliers, *carácter* et *régimen,* parce qu'on n'appuie pas sur la même syllabe.

Sixième règle. Voici les personnes qu'on doit accentuer dans les verbes : 1° La première et la troisième personne du singulier du prétérit défini de tous les verbes. Exemples : *amé, amó, temí, temió, subí, subió, pedí, pidió.* Exceptez-en les verbes *andar, estar, caber, haber, hacer, placer, poder, poner, querer, saber, tener, traer, conducir, decir, venir* et tous leurs composés. *Andúve, anduvo, estúve, estuvo, cupe, cupo, hice, hizo, conduje, condujo, traduje, tradujo, maldije, intervino, contúvo, retraje,* etc.

2° La deuxième personne du pluriel du prétérit défini. *Amásteis, temísteis, subísteis, hubísteis, pedísteis, hicísteis,* etc.

3° La première, la deuxième et la troisième personne du singulier et la troisième du pluriel du futur de l'indicatif. *Amaré, amarás, amará, amarán, temeré, subirás, habrá, serán, pediré, harás, pondrá, dirán,* etc.

4° La première et la deuxième personne du pluriel de tous les imparfaits, du conditionnel et du futur du subjonctif. *Amábamos, amábais, amaríamos, amaríais, amásemos, amá-*

seis, amáramos, amárais, amáremos, amáreis, temíamos, temíais, etc., etc.

5° Dans le verbe *estar,* on accentue les mots *está, estás, están, esté, estés, estén.*

6° Si le verbe est suivi d'un ou de plusieurs pronoms personnels, on en fait un seul mot, comme on a dit au num. 17. Dans ce cas, on emploie l'accent 1° lorsque le verbe le porte par lui-même. Exemple : *le temió, temióle ; le dirás, dirásle ; se están, estánse ;* 2° lorsque, par cette réunion, le mot devient *esdrújulo,* c'est-à-dire que sa syllabe antépénultième devient longue. Exemple : *mírame, díjole, díselo, díjoselo, dijéronselo.*

Observation.

On accentue quelquefois des mots qui, d'après ces règles, ne demandent pas l'accent ; et cela peut être utile dans certains cas, pour éviter l'occasion d'une méprise.

C'est pourquoi plusieurs personnes accentuent les mots suivans : *amáre,* futur du subjonctif : *amára, amáras, amára, amáran,* 2° imparfait du subjonctif ; *amarémos, amaréis,* futur de l'indicatif ; *amámos, sufrímos,* etc., prétérit défini ; *éste, ésta, éstas,* pronoms relatifs. Cela évite tout danger de les confondre avec *amaré, amarás, amará, amarán,* futur de l'indicatif ; *amáremos, amáreis,* futur du subjonctif ; *amamos, sufrimos,* etc., présent de l'indicatif ; *esté, está, estás,* personnes du verbe *estar.* D'autres accentuent les imparfaits en *ia* et les conditionnels : *temía, temería, sufriría,* etc.

CHAPITRE XI.

THÈMES.

Les thèmes qu'on donne dans ce chapitre sont si faciles, et ils sont mis dans un tel ordre, que les élèves peuvent s'en occuper dès le commencement de leur étude. Pour réussir dans ce travail, il leur suffit de consulter et de bien étudier les numéros de la grammaire qui répondent à chaque thème.

N.° 61. — *Thèmes sur la prononciation.*

NOM ET ÉPELLATION DES LETTRES.

A , B , C , CH , D , E , F , G , H , I , J , L ,
a, be, ce, che, de, e, efe, ge, ache, i, jota, ele,

LL , M , N , Ñ , O , P , Q , R , RR , S , T , U ,
elle, eme, ene, eñe, o, pe, cu, ere, erre, ese, te, u,

V ,   X ,   Y ,   Z ,   K ,   W ,
u de corazon, equis, y griega, zeta ou ceda, ca, u valona,

C ,   PH.
cedilla, pe-ache.

On doit prononcer ces noms des lettres espagnoles d'après les règles qu'on a établies pour la prononciation de cette lan-

guc. On prononcera donc les noms *elle, eme, ese,* comme s'il
y avait *eillé, émé, éçé,* et l'on donnera au *ch,* au *j* et à toutes
les autres lettres le son espagnol.

EXERCICE DE SYLLABES.

Ca, ce, ci, co, cu.

Cha, che, chi, cho, chu.

Châ, chê, chî, chô, chû.

Ga, ge, gi, go, gu.

Gua, gue, güe, gui, güi, guo.

Ha, he, hi, ho, hu, hue.

Ja, je, ji, jo, ju.

LLa, lle, lli, llo, llu.

Am, em, im, om, um.

An, en, in, on, un.

Ña, ñe, ñi, ño, ñu.

Qua, que, qüe, qui, qäi, quo.

Ra, re, ri, ro, ru : *au commencement d'un mot.*

    para, pero, moro, vara, cura.

    borra, parra, forro, tierra.

    alra, honra, desro.

Asa, ase, asi ; esa, eso, oso, etc.

    as, es, is, os, us.

Za, ze, zi, zo, zu.

    az, ez, iz, oz, uz.

Wal, wer, wis, elwagen.

    tew, law, town, bewd.

Xa, xe, xi, xo, xu : *au commencement d'un mot.*

    exten, expre, oxte.

    ax, ex, ix, ox, ux : *à la fin des mots.*

DANS L'ANCIENNE ORTHOGRAPHE.

Axa, axe, axi, axo, axu, exa, exe, etc.
Axà, axê, axî, axô, axû, exâ, exê, etc.

DANS LA NOUVELLE ORTHOGRAPHE.

Axa, axe, exe, exi, oxa, etc.

EXERCICE DES ACCENS.

MOTS AIGUS. Tisú, café, pié, Bajá, carmesí, allí, ahí, aquí, acá, acullá, así, quizá. — Martin, cazador, razon, canal, español, capaz, comun, superior, mayor, veloz, regular. — Jamas, segun, ademas, mejor. — Piés, cafés, tés. — Amé, amó, temió, amaré, temerás, subirà, está, estás, están, esté, estés, estén. — Amar, temer, subis, subir, temed, subid, amad.

MOTS GRAVES. Garcia, desafio, ganzúa, árbol, mártir, lúnes, carácter, jóven, apénas. — Escudero, ternera, Perez, Martinez, Timoteo, Dorotea, bacalao, persa, fuerte, injusto, — Antes, entonces, lejos, menos, mientras, delante, encima, ahora, presto, bastante.

PLURIEL DES NOMS. Rocíos, ganzúas, los lúnes, escuderos, los Perez, Timoteos, bacalaos, fuertes, lineas, héroes, purpúreas, concordias.

VERBES. Exclamo, pretendes, divide, estamos, tomaba, amaste, temimos, fueron, amadnos, amábais, temíais, subiríais, amáseis.

MOTS *ESDRUJULOS.* Cámara, espíritu, círculo, tabernáculo, linea, héroe, cutáneo, concordia, Nicaragua, perpetuo, génesis, cámaras, espíritus, círculos, árboles, már-

tires, amábamos, temiamos, subiriamos, amásemos, temié-
ramos, subiéremos, amáramos, amándolos.

EXERCICE SUR LA PRONONCIACION DE MOTS DE TOUTE ESPÈCE.

Aurora, hay, herizar, héroe, aguijon, betun, sucesos,
insistiendo, restauracion, raigambre, razon, punzante, yugo,
la amistad, Anjou, mayor, peinando, harpa, traigan, Leu-
cata, coetáneo, pagué, casa, manantial, Constantinopolitano,
gentiles, hombres, frances, imperio, un hombre, pesadum-
bre, esfinge, usuales, conjunto, maitines, Jesus, paisano,
útilmente, Holanda, causa, distraido, Paraguay, estoy,
reuma, Augusto, lleno, la heroina, furiosos, habló, injusto,
columna, Cambray, indujo, oyó, persuasion, autor, amais,
Meusnier, Muley, harenga, caigo, la estrella, huésped,
neutro, poeta, cargues, peso, llamar, perro, repentinamente,
constante, tio, Feijoo, amaria, amaron, escoceses, enfin, la
estimacion, acusan, pronunciando, muchisimo, leyó, tiesto,
reino, Neuville, ocasion, aquello, hollin, escusaba, re-
tiembla, sitio, principal, ameis, cometiese, suposicion.

ORTHOGRAPHE ANCIENNE ET MOTS ÉTRANGERS.

Exâmen, próximo, Xátiva, exército, baxar, éxito, próxîmo,
embaxador, encaxar, reloxes, dexamos, exigir, axioma, caxon,
dixeron.

Açote, affable, Archàngel, pança, attencion, esfuerço,
physico, Joseph, occasion, approbar, tuviesse, assi, máchina,
addicion, philósophos, acéphalo.

Wilson, Argow, Baruch, Inspruck, Westfalia, Breslaw,

Marasch, Forwey, Postdam, Portsmouth, Austerlitz, Weles-
ley, Lower, Hawwood, Newton, Carlostown.

Exercice pour la prononciation du latin.

Chorus , júdices, ejus, capíllus, dóctior, árguis, itaque,
quibus, musæ, Alexánder, exércitus, audax, Európa, Eze-
chias, cónjugem, invénta, studére, hæc, aúdiens, dixérunt,
pœniténtiam, Judæe, antíquis, patiéntur, sánguis, cháritas,
illis, relinquens, reliquísti, autem, Graius, illos, sciéntiam,
Achim, scopus, peccátum, puríssima, réddere, spíritus, ac-
cusátor, abbas, appónere, asséntior, atténtio, accédere,
accípio, árrogans, arrídeo, annus, innováre, innúmerus,
innocens, commutáre, immítis.

N.º 62. — *Thèmes sur le chap. II.*

Le ciel, la femme, le noir, les bras, les étoiles; du
    cielo,   muger,   negro,   brazos,   estrellas
ciel , de la femme, du noir, des bras, des étoiles.
Pour (*para*) la femme, par (*por*) les bras, dans (*en*)
les étoiles, envers (*hacia*) le ciel, avec (*con*) le noir.

L'ame, les ames, la belle ame, l'aile, l'autorité,
    alma,   almas,   bella   ala,   autoridad,
l'homme, l'antiquité, la première aile.
    hombre, antigüedad,   primera.
Monsieur Sanchez, madame la duchesse de Frias,
                       duquesa
mademoiselle Françoise Navas et Monsieur le colonel.
    Francisca   *coronel.*
Messieurs et mesdames, je sais que monsieur Jean
                yo sé que   *Juan*

Salas se marie avec madame Arenas. Monsieur le
    se casa   *con*

curé, le courrier est arrivé.
cura,   *correo* *ha llegado.*

   La ville de Londres est la plus grande de l'Europe.
    ciudad   *es*   *mas grande*   *Europa.*

Monsieur Martinez est l'homme le plus savant de...
                     mas sabio.

   Il a de bonnes intentions : il a acheté des livres.
   tiene buenas *intenciones :* *ha comprado* *libros.*

Je t'enverrai du vin et de la bière. Je t'enverrai du
yo te enviaré   *vino y*   *cerveza*

vin que j'ai acheté. Monsieur le marquis et monsieur
  que he comprado.   *marques*

Solis sont des poètes distingués.
  son   *poetas distinguidos.*

   Le pacha, la commère, le gendarme, l'illustre Clo-
    bajá,   *comadre,*   *gendarma,* *ilustre Clo-*

tilde, l'Etna, la Garonne, le bœuf, le monarque, l'o.
tilde, Etna,   *Garona,*   *buey,*   *monarca,*

La table, la comète, le convoi, la valeur, le sang,
 mesa,   *cometa,*   *convoy,*   *valor,*   *sangre,*

le mur, la clef, le climat, le jour, le lundi, le lièvre,
 pared, *llave,*   *clima,*   *dia,*   *lúnes,*   *liebre,*

le salut, la ville, le gazon, la main, le café, le sort,
 salud, *ciudad,* *césped,*   *mano,*   *café,* *suerte,*

la giroflée, le riz, le chou, la montre, le lait, le pied,
  alelí, *arroz,*   *col,*   *reloj,*   *leche,* *pié,*

la loi, la planète, la peur, le nez, le mois, la paix, le
 ley, *planeta,* *miedo,* *nariz,*   *mes,*   *paz,*

diocèse, la moisson.
diócesi,   *mies.*

La mer, l'ordre du Général, la poix, le diadème,
mar, *órden* *General,* *pez,* *diadema,*

les prières, le canal, le cour, le pont, les complies, la
preces, *canal,* *corte,* *puente,* *completas,*

coupe, le poisson, les matines,
corte, *pez,* *maitines.*

Pour faire l'exercice du pluriel, on répétera le thème
précédent en mettant au pluriel tous les noms qu'on y a
détaillés. En employant l'article los *pour le masculin et*
l'article las *pour le féminin, on aura une répétition du*
thème précédent sur le genre des noms.

Les Pachas, les commères, les gendarmes, etc.

Le duc et la duchesse d'Alba arriveront demain.
duque *duquesa* *llegarán* *mañana.*

Le père et la mère de François l'ont dit. Les Homère
padre *madre* *Francisco lo han dicho.* *Homero*

et les Ciceron sont rares. Le colonel et sa femme;
Ciceron son raros. *coronel* *su muger;*

le roi et la reine de Naples.
rey *reina* *Nápoles.*

N.º 63. — *Thèmes sur le chap. III.*

Un objet blanc, cramoisi, régulier, large, subtil,
Un objeto blanco, *carmesí,* *regular,* *ancho,* *sutil,*

inférieur, grave, gai, singulier, facile, menaçant,
inferior, *grave,* *alegre,* *singular,* *fácil,* *amenazador,*

destructeur. Un homme fainéant, anglais, parisien,
destructor. Un *hombre haragan,* *ingles,* *parisiense,*

persan, parleur, courtois, catalan, protecteur, triste,
persa , *hablador,* *cortes,* *catalan,* *protector,* *triste,*

glouton, commun, vaillant, fripon, vil, corrupteur,
gloton, comun, valiente, bribon, vil, corruptor,
portugais.
portugues.

Une chose blanche, cramoisie, régulière, etc. Une
femme fainéante, anglaise, etc.

*On continuera à mettre le féminin des autres adjectifs ;
ensuite on mettra le pluriel, tant le masculin que le féminin, de tous ces adjectifs.*

Des objets blancs, cramoisis, etc. Des hommes
fainéans, anglais, etc. Des choses blanches, cramoi-
sies, etc. Des femmes fainéantes, anglaises, etc.

*On mettra désormais dans l'interligne tous les noms au
singulier, et dans les adjectifs on mettra toujours la terminaison masculine : c'est à l'élève à employer le pluriel
et le féminin, lorsque la phrase les demandera, d'après les
règles qu'il a déjà étudiées.*

Saint Antoine, saint Thomas, sainte Thérèse, saint
Antonio,   Tomas,   Teresa,
Jean, saint Augustin et saint Dominique. Le premier
Juan,   Agustin,   Domingo.
vicaire, une grande reine, son grand ami, une maison,
vicario,   reina,   su   amigo,   casa,
cent soldats, deux cents francs, cent trente écus, cent
soldado,   franco,   escudo,
millions, trois cents canons. François Iᵉʳ et Condé
cañon.   Francisco

furent de grands généraux, un grand roi, un mauvais
fueron   *generales,*   *rey,*

citoyen.
ciudadano.

Monsieur le comte de la Puebla était aussi sage
         conde   *era*   *prudente*

que son rival; mais il n'avait pas tant de ruses. Mon-
     rival; pero   *tenia*   *tanto*   *maña.*

sieur Perez a plus de connaissances que son frère;
      tiene   *conocimiento*   *su hermano;*

il a été récompensé moins généreusement que les
ha sido recompensado   *generosamente*

autres. Pierre est si modeste, qu'il plaît à tout le
otro.   *Pedro es*   *modesto*   *agrada á todo el*

monde. Madrid a moins d'habitans que Naples. La
mundo.   *tiene*   *habitante*   *Nápoles.*

France a plus de trente millions d'habitans. Plus elle
Francia   *treinta*

vieillit, plus elle est avare. Moins nous avons de
envejece,   *avaro.*   *tenemos*

constance, plus le malheur nous afflige. Jean est plus
constancia   *desgracia nos aflige. Juan es*

savant et moins fier que son frère; moins fier et plus
sabio   *orgulloso*   *hermano;*

savant que Pierre. Les riches sont moins heureux
             rico   *son*   *feliz*

que le monde ne le croit.
      cree.

Formez le superlatif en *isimo* des adjectifs suivans :
grande, útil, corto, breve, fácil, comun, capaz, regular, amable, fiel, natural, veloz, bueno, alto, obe-
diente, afable, fuerte, perfecto.

Une province, vingt-deux francs, cent brebis, sept
    provincia,   *franco,*   *oveja,*

cents familles, cent trente chevaux, cent mille écus,
    familia,   *caballo,*   *escudo,*

deux cent trente-quatre mille trois cent dix-neuf
francs, cent millions. Louis dix-huit, Charles dix,
                    Luis   *Cárlos*

Charles quatre, la page vingt-quatrième, Henri trois,
          página   *Henrique*

Grégoire seize. A cinq heures et demie : il dort cinq
                             duerme
  Gregorio

heures.

N.º 64. — *Thèmes sur le chap. IV.*

Elle m'a dit que tu te moques de nous ; il est d'ac-
  ha dicho que   *burlas*   *está*   *de*

cord avec toi pour.. ; François se fâcha contre elles ;
 acuerdo con   *para..; Francisco*   *enfadó con*

elles se fâchèrent contre elles-mêmes ; tu lui as donné
    enfadaron   *has dado*

une réponse ; je ne la lui donnerai pas.
  respuesta ;   *daré*

Je veux lui écrire, et je lui écrirai demain : donne-
  quiero   *escribir,*   *escribiré mañana :*   *da*

moi un livre pour m'amuser ; en me visitant, vous
    libro para   *divertir ;*   *visitando,*

m'avez consolé, et je désire vous montrer ma recon-
 habeis consolado,   *deseo*   *mostrar mi agra-*

naissance ; je pense que tu m'écriras le lundi ; Jean
 decimiento ; *pienso que*   *escribirás*   *lúnes ;* *Juan*

et moi nous irons ; Pierre a écrit à son cousin ; il le
      iremos ; Pedro ha escrito á su   *primo ;*

nie, mais je le sais ; je vous l'avais dit.
niega, pero   sé ;   habia dicho.

J'ai visité la ville, et j'en admire la beauté ; as-tu
he visitado ciudad,   admiro   belleza ; has

vu le jardin ? Oui, j'en viens ; les bains sont utiles à
visto jardin ? Si,   vengo ;   baño son útil

Jean ; il s'y est accoutumé ; je connais cet homme ;
ha acostumbrado,   conozco   á

mais je ne veux pas en parler ; la ville est très belle ;
pero   no quiero   hablar ;   es   bella ;

je n'y suis allé jamais.
he ido amas.

Si vous êtes prudent, le maître vous récompensera ;
prudente,   maestro   recompensará ;

si vous êtes prudentes, vous serez récompensées ; Jean
serán recompensado ;

vous demande un livre, envoyez-le-lui ; si vous
pide   libro,   envie

m'écrivez, je vous répondrai.
escribe,   responderé.

Mon ami, prenez ce livre, et donnez-moi celui-là ;
amigo tome   dé

prenez mon chapeau, et laissez le vôtre ; ces jardins
sombrero,   deje   jardin

sont beaux ; ces enfans sont paresseux ; ceux-là sont
son hermoso ;   niño   perezoso ;

studieux ; ceux qui se livrent à leurs passions ruinent
estudioso ;   entregan   arruinan

leur santé ; mon cher cousin, je vous enverrai la
salud ;   querido primo,   enviaré

lettre de ma sœur.
carta   hermana.

(113)

Aimons la vertu qui nous rendra heureux ; mon-
amemos *hará* *feliz* ;

sieur le curé, dont tu connais les talens et dont je t'ai
cura *conoces* *talento* *he*

parlé, écrivit à l'avocat que nous avons salué.
hablado escribió *abogado* *hemos saludado.*

Quelle est votre patrie? de quelle ville venez-vous?
patria? *viene*

Lequel de ces livres te paraît le plus beau? A qui
parece *hermoso?*

sont ces maisons? Quelle est la ville que le Général
son *casa?*

a brûlée.
ha quemado.

Personne ne la connaît ; nulle promenade est plus
conoce ; *paseo*

belle que celle-ci ; le méchant n'est jamais heureux ;
malo *nunca* *feliz* ;

ce contrat est nul ; je n'ai vu personne.
contrato *he visto á*

On publie de fausses nouvelles ; lorsqu'on est ma-
publica *está*

lade, on perd le courage ; quelle que soit son habileté,
pierde *valor* ; *sea* *habilidad,*

et quelque puissans que soient ses protecteurs, il
poderosos *sean* *sus* *protectores,*

n'obtiendra pas la place qu'il demande ; ne le dites
obtendrá *destino* *pide* ; *digais*

à qui que ce soit ; qui prend le bien d'autrui, perd sa
toma *pierde*

tranquillité et son honneur ; et en les perdant, il perd
honor ; *perdiéndolos,*

tout.

N.⁰ 65. — *Thèmes sur le chap. V.*

Entrar : entrer, entrons, nous entrons, qu'ils entrassent, vous entrâtes, ils entreront. *Comer* : manger, mangez, vous mangez, tu mangeais, qu'il mangeât, je mangerais. *Partir* : partir, nous partirons, nous partons, tu partais, qu'il parte. *Haber* : avoir, nous eûmes, ayez, vous aviez, qu'ils eussent, tu as, j'aurais. *Ser* : être, étant, ils furent, tu serais, nous sommes, vous serez, qu'ils soient.

Llegar : arriver, arriva, j'arrive, arrivons, arrivez. *Aplacar* : apaiser, ils appaisèrent, qu'ils appaisent, j'apaiserai, j'apaisai. *Proteger* : protéger, je protège, protégeons. Nous avons mangé ; nous sommes partis ; ils se sont protégés ; ils sont protégés par le ministre ; elles étaient parties ; apaisez-vous ; aimons-nous.

Pensar : penser, je pense, tu penseras, pensez, que nous pensions. *Entender* : comprendre, tu comprends, ils comprendront, que tu comprennes. *Contar* : compter, comptons, nous comptons, tu comptas, que tu comptes. *Perecer* : périr, qu'il périsse, il périra, périssons, nous périssons. *Rogar* : prier, il prie, qu'il prie, priez, prions. *Conocer* : connaître, je connais, qu'il connaisse, je connus.

Concebir : concevoir, je conçus, ils conçurent, tu concevais, que tu conçusses, concevons. *Consentir* : en consentant, ils consentirent, que je consente, consentons, que vous consentiez, qu'il consentît. *Contribuir* : contribuer, je contribue, je contribuais, tu contribueras, que tu contribues, en contribuant, contribuons. *Distinguir* : distinguer, il distingua, je distingue, distinguons. *Poseer* : posséder, nous possédâmes, ils possédèrent, qu'il possède, qu'il possédât.

Hacer : faire, nous ferons, que je fasse, faites, vous faites, ils firent, je fais, fait, nous ferions. *Poner* : mettre, mettons, je mets, ils mirent, que tu mettes, mis, nous mîmes, qu'il mît. *Caber* : contenir, il contiendra, ils continrent, que je contienne. *Querer* : vouloir, tu voudras, qu'ils veuillent, nous voulûmes, qu'il voulût, je veux, que tu veuilles. *Poder* : pouvoir, en pouvant, nous pûmes, que vous puissiez, que nous puissions, ils pourraient, tu peux, ils purent, je pourrai. *Ir* : aller, tu allas, en allant, que tu ailles, ils iraient, que nous allassions, nous irons, nous allons, je vais, ils vont. *Saber* : savoir, sachons, il savait, je sais, vous saurez, nous sûmes, qu'il sût, tu sus, nous saurions.

Tener : avoir, ils eurent, que tu aies, ils auront, j'ai, que vous eussiez, tu aurais, ayons, ils ont. *Venir* : venir, il vient, nous viendrons, que tu viennes, en venant, qu'ils vinssent, nous vînmes. *Decir* : dire, disons, nous dirions, que tu dises, en disant, dit, que vous dissiez, nous disons, ils dirent. *Morir* : mourir, mourons, en mourant, ils meurent, qu'il mourût, vous mourrez, que tu meures, mort. *Dormir* : dormir, dormons, ils dormirent, vous dormirez, que tu dormes, il dort, en dormant. *Traducir* : traduire, je traduisis, qu'il traduise, qu'il traduisît, traduisons. *Traer* : apporter, que tu apportes, nous apportâmes, que tu apportasses, en apportant, que vous apportassiez.

Salir : sortir, je sors, il sortira, nous sortirions, que tu sortes. *Valer* : valoir, ils vaudraient, que tu vailles, je vaux, il valait, que nous valions. *Dar* : donner, ils donnèrent, que tu donnasses, je donne, tu donnas. *Estar* : être, il fut, que nous fussions, je suis, ils sont, que tu sois. *Ver* : voir, voyons, que je visse, tu voyais, qu'il voie, vu, ils voyaient. *Caer* : tomber, il tomba, que nous tombions, je tombe, qu'il tombât, tombons. *Oir* : entendre, en entendant, ils entendirent, entendons, que tu entendes, qu'ils entendissent.

Andar : marcher, il marcha, que nous marchions, que vous marchassiez. *Asir* : saisir, qu'il saisisse, saisissons. *Escribir* : nous écrirons, nous avons écrit. *Imponer* : imposer, j'impose, tu imposeras. *Retener* : retenir, retenons, il retiendra, qu'il retînt, je retins, que tu retiennes. *Equivaler* : équivaloir, il équivaudrait, que tu équivales, équivalons. *Recaer* : retomber, que tu retombes, retombons, qu'il retombât. *Satisfacer* : satisfaire, il satisfit, nous satisfîmes, qu'il satisfît, je satisfis. *Bendecir* : bénir, bénissons, il bénira, je bénis.

N.º 66. — *Thèmes sur les chap. VI et VII.*

Dedans, en haut, toujours, encore, après, aussi, presque, moins, oui, à dessein, ainsi, non plus, peut-être, ici, bientôt, jamais. Pierre a trop de légèreté (*ligereza*), assez de jugement (*juicio*), beaucoup de connaissances, peu de richesses (*riqueza*). Il écrit beaucoup ; il a bien des ennemis ; il parla sagement et modestement ; il parle très bas. Combien avez-vous acheté de livres ?

Moyennant, jusque, parmi, sur, derrière, pendant, sauf, selon, sous, outre, dessous, près de vous, relativement à vous. Monsieur Antoine Perez demeure (*vivir*) à Londres ; il ira en Espagne et retournera (*volver*) dans son pays. Promenez-vous (*pasear*) au jardin. Je vais au jardin ; je vais me promener. Ce livre est à monsieur le curé ; ce drap coûte (*costar*) dix francs l'aune (*vara*) ; j'ai vu une machine à vapeur ; il est à croire qu'il viendra vous visiter. Cette chambre (*cuarto*) est commode pour y demeurer ; ne vous inquiétez pas pour moi ; cette lettre est pour François ; nous irons par Paris ; prier pour un infortuné (*desgraciado*).

Oui, mais, soit, soit..., parce que, comme, quoique, or, ainsi donc, ainsi que, puisque. Antoine et Agnès (*Ines*), Pindare ou Homère, Jean et moi, léger et inconstant, clair (*claro*) ou obscur ; lorsque nous aimons la vertu, et que nous la respectons.

J'ai vu l'homme dont tu m'as vanté (*alabar*) la loyauté (*lealtad*) ; il arriva (*suceder*) de grands malheurs (*desgracia*) ; il y eut des troubles (*alboroto*) ; il y a quinze ans (*año*) ; aimons nos frères et soulageons (*aliviar*) leur misère ; le roi visita Valence et Barcelonne et en répara les murailles ; le Général abandonna le Portugal et la Galice, et conquit (*conquistar*) Burgos ; il visita les hôpitaux et consola les malades.

N.º 67. — *Thèmes sur le chap. VIII et IX.*

Je vous promets de le faire ; il est sûr (*seguro*) d'être nommé colonel ; je vous prie de venir ; votre père m'a dit de vous l'écrire ; je les ai trouvées composant (*componer*) des couplets (*copla*) ; il a plusieurs (*mucho*) ouvrages (*obra*) imprimés ; il a imprimé plusieurs ouvrages ; nous étions confus ; il nous avait confondus ; elle était reconnaisante aux bienfaits (*beneficio*). Quoiqu'il soit instruit, il est modeste ; quoiqu'elle sorte de sa maladie, elle ne pourra pas travailler (*trabajar*) ; si vous venez à midi, nous irons dans mon jardin ; si je le savais, je vous le dirais ; si elle était malade, c'était sa faute ; lorsque je le verrai, je lui parlerai ; venez le plus vite (*pronto*) que vous pourrez.

Pussent-ils le faire sans danger, ils auraient dû (*deber*) suspendre ; il te conviendrait de voyager ; je voudrais aller à Rome ; je crains que mon père ne soit malade ; il ne doute pas que vous ne le fassiez ; aimez vos semblables et ne leur faites jamais du mal ; allez chercher mon chapeau.

Monsieur Saez est un grand poète ; il était très content ce matin ; son père est à chasser ; il est dans sa maison ; Pierre est malade ; il est d'un mauvais caractère ; il est persécuté par ses ennemis ; il est très savant ; la porte est ouverte ; elle a été ouverte par le vent.

AVIS IMPORTANT.

Pour faire les thèmes sur le chapitre X, il faudrait consulter la *Grammaire complète* où se trouvent de nombreuses listes d'idiotismes et d'homonymes, ensuite on pourrait continuer les exercices en consultant le *Cours de thèmes*, où l'on les a multipliés assez pour rendre habituelle l'application de toutes les règles de la Grammaire, et où l'on trouve en outre des listes nombreuses des mots espagnols les plus usités dans tous les genres.

TABLE

DES MATIÈRES.

EXCEPTIONS

Les plus remarquables indiquées au Tableau par un renvoi. On trouvera les autres dans la Grammaire complète.

(1) Pour le latin. 1° On prononce l'*u* dans *gue, gui* et *que*, non pas dans *qui*.

2° on fait sentir fortement l'accent.

3° CH, J,   LL, X, Æ, OE, tia, tie, (cia, etc., franc.) *font* K, y cons. l, cs, e, e, zia, zie, (zia, etc., espag.)

(2) *Noms masculins par exception.* Metaplasmo, pleonasmo, hiperbaton. — Alumbre. — Bastion, embrion, morrion, sarampion, talion, corazon. — Anis, apocalípsis, êxtasis, génesis, íris. — Cometa, dia, maná, mapa, planeta, sofá. — Ardid, ataud, césped, sud. — Arroz, avestruz, barniz, cáliz, lápiz, maiz, tapiz.

Noms féminins par exception. Ave, índole, leche, lente, liebre, salve, sangre, sede, serpiente, suerte, tarde. — Diócesi, metrópoli, mano, cal, cárcel, col, decretal, hiel, miel, piel, sal, señal, sarten, sien, coliflor, labor, res, trox et grey.

Noms de deux genres. Diadema, emblema, epígrama, arte, dote, puente, canal, márgen, órden, azúcar, mar, cútis.

Noms qui changent leur genre d'après leur signification. Clave, corte, haz, parte, pez, tema.

(3) *Noms de saints qui conservent le* to. Domingo, Tomas, Tomé, Toribio.

(4) Exceptez aussi *bueno, fiel, fuerte* et d'autres qu'on détaille dans la *Grammaire complète.*

RÉSUMÉ DE LA GRAMMAIRE ESPAGNOLE A L'USAGE DES FRANÇAIS.

SON DES LETTRES CH, J, Z : vive voix du maître. — E, fermé. — H, non aspiré. — L, jamais mouillé. — LL, toujours mouillé, non double. — M, N, jamais nasaux. — Ñ, *gn*. — RR, rude. — R, doux. — S, ç. — C, Z espagnol. — U, *ou*. Prononcez tout, excepté U dans *gue, gui, que, qui*, sans tréma.

CHANGEMENS. Ce, ci : *z* espagnol. — Châ, chê, etc. *k*. — Ge, gi : *j* espagnol. — R : *rr* 1° dans *rabia*, etc.; 2° après *l, n, s*; 3° *virey*, etc.; 4° avec *ab, contra, entre, ex, ob, pre, pro, sobre* et *sub*. — Y : consonne devant une voyelle. — X : *es*. Etant initial ou final (et dans l'ancienne orthographe devant une voyelle sans circonflexe), *j* espagnol. — W : *ou*. Devant une voyelle *v*. — Les mots étrangers subissent quelques exceptions.

TONS *interrogatif et admiratif* très marqués. *Voyelle d'appui*, marquée par ce signe ('). — Règles, lorsqu'il n'est pas écrit : 1° pour les mots en voyelle, l'avant-dernière (excepté *ia, ie, io, ua, ue, uo*); 2° mots en consonne, la dernière (excepté *es* et *ez* des familles, et cinq mots); 3° pluriel, comme au singulier; 4° verbes, l'avant-dernière (excepté le présent de l'infinitif, les deuxièmes personnes du pluriel de l'impératif, et la deuxième personne du pluriel du prés. de l'indicatif de la 3ᵉ conj.) — Latin (1).

ARTICLES. *El, la, lo, los, las; al, del. El* (pour *la*) *ave*, etc., lorsque *l'a* est long. EMPLOI : 1° *el señor Saez*, ou *el señor Conde.* (*Don* et *doña*.) Au vocatif : *señor Saez*, ou *señor Conde.* 2° *Es la mas linda casa*, ou *es la casa mas linda de...*; 3° *trae pan, vino, cerezas* (*unas* ou *algunas cerezas*).

GENRE. 1° Masculins : les mâles, rivières et montagnes; 2° féminins : les femelles, lettres et figures; 3° féminins : *a, d* et *z*, et la plupart d'*umbre, ion, zon, tes, is*; 4° masculins : les autres; 5° mots sans singulier, comme s'ils en avaient. Exceptions. V. (2).

PLURIEL. Voyelle brève prend un *s*. Voyelle longue ou consonne prend *es* : (*x* et *z* font *j* et *c*). Exceptions : *e* long, *s* bref, et papás, mamás, sofás. — Pour les titres et parens on peut dire : *los reyes, los padres*, etc., on dit *los Homeros*, etc.

FÉMININ. *O, ote, ete* : en *a*. — *Dor, tor, an* et *on*, prennent un *a*; les autres restent invariables, excepté les noms des villes ou pays en consonne.

PERTE DE LETTRES. Au singulier : 1 *uno, al-* *guno, ninguno, bueno, malo, primero* et *postrero*, suivis de leur substantif; 2° *santo*, devant les noms propres (3); 3° *cienta*, suivi de *mil* ou *millones*, ou d'un substantif; 4° *grande*, devant un substantif, surtout s'il commence par une consonne.

COMPARATIFS d'égalité. Premier membre : *tan* avec les adjectifs et adverbes; *tanto*, avec les verbes; *tanto, a, os, as* avec les substantifs; — 2ᵉ membre, *como. Que*, en signifiant *à tel point que*, on traduit *que*.

COMPARATIFS DE SUPÉRIORITÉ, etc. : *mas, menos que*. On supprime, 1° le *de* (excepté si l'on exprime un nombre); 2° le *ne* du 2ᵉ membre. On n'a égard qu'au dernier comparatif. — *Plus, moins*, répétés : *cuanto mas, tanto menos*, avec accord et inversion. — ISIMO, ajouté à la dernière consonne : excepté *ble* (4).

CARDINAUX. *Uaa, doscientas*, etc. Chaque division millième admet l'*y*. ORDINAUX. Ils prennent tous leur terminaison : *décimo octavo, vigésimo sesto*, etc. On dit : *Pio octavo, Luis catorce* ou *décimo cuarto, línea treinta*, ou *trigésima*, etc. *Vino á las tres; vino en tres horas.*

PRONOMS PERSONNELS. Yo, me, me, mi. Tu, te, te, ti. El, le, le, él; ella, la, le, ella; ello, lo, le, ello. Nosotros (as), nos, nos, nosotros (as). Vosotros (as), os, os, vosotros (as). Ellos, los, les, ellos; ellas, las, les, ellas. — Se, se, si. — Conmigo, contigo, consigo.

Notes. LUI, EUX, etc., en régime et rapportés au sujet : on dit *si*. — LUI, LEUR joints à LE, LA, LES : on dit *se*. — EN, Y : on met le pronom ou adverbe qu'ils remplacent : ou l'on dit : *su, sus*, etc. — Vous : *Usted, ustedes, vuestra Alteza*, etc., avec régime et accord (souvent masculin) de la troisième personne. Pour parler à Dieu, aux saints, aux princes, ducs, généraux, évêques, etc., etc. Voyez la *Grammaire complète*. — Pronoms en régime de l'infinitif, gérondif et impératif se collent après. — *Le, la*, sont précédés par les autres. *Se* précède *me, le, nos* et *os*; non pas *le*. — Pronom sujet : on le supprime; en régime, souvent on le répète. — *Mio, tuyo, suyo, mios*, etc. Devant leur substantif on dit : *mi, tu, su, mis, tus, sus*.

D'AUTRES PRONOMS. CELUI-CI, *este*; CELUI-LA, *ese* ou *aquel* (leur différence). CELUI QUI, *el* (ou *aquel*) *que*; CELUI DE, *el* (ou *aquel*) *de*. — QUI, QUE, QUOI, se rend *que*. — QUEL, *cual, cuales*. Dans la phrase alternative supprimez l'article. — QUI, LEQUEL, CELUI QUI, avec des personnes, se rendent *quien, quienes* sans article, — DONT, DUQUEL, avec deux substantifs, se rendent *cuyo, a, os, as*, placés entre les deux. On l'accorde avec le deuxième substantif, et celui-ci ne porte pas d'article.

Pronoms admiratifs et interrogatifs. QUE, QUOI (et QUEL, suivi immédiatement d'un substantif), *que*. QUI (et *quel*, suivi immédiatement d'un verbe et rapporté à des personnes), *quien*. QUEL, rapporté à des choses, *cual*. A QUI SONT, *de quien* ou *cuyos son*. — Négatifs, placés après le verbe : on ajoute *no* avant celui-ci.

ON : se rend 1° *se* avec accord; 2° *uno, alguno, el hombre*; 3° *nosotros*; 4° troisième personne du pluriel sans sujet. — QUELQUE, *alguno*. Pour A QUELQUE POINT QUE avec des adjectifs et adverbes; *por... que, por mas... que*; avec des substantifs, *cualquiera que*; si l'on exprime l'idée de nombreux, *por mas... que, por mucho* (*a, os, as*)*... que*. — MÊME, *mismo*, (*a, os, as*); par fois, *aun, hasta*. — AUTRUI, *otro, otros*: D'AUTRUI, *ageno, a, os, as*.

CONJUGAISONS. Voyez le Tableau et les Listes de la *Grammaire complète*.

ADVERBES de quantité avec un substantif, se rendent par des adjectifs. *Tanto* et *cuanto* avec des adjectifs ou adverbes, perdent le *to*; ils se joignent toujours aux mots auxquels ils se rapportent. — *Mente*, on l'ajoute à la terminaison féminine de l'adjectif. On ne le répète pas.

PRÉPOSITION. Lieu où l'on agit, *en*; lieu où l'on va, *á*. On ajoute l'*á* 1° à l'infinitif régi par un verbe de moument; 2° aux prix et dates. — Pour la propriété et l'usage des choses, on emploie *de*. — PAR se rend *por*. — POUR au datif, ou à la place de *ad* et *in* latins, se rend *para*; à la place de *pro* et *propter* latins, se rend *por*.

CONJONCTIONS. QUE pour SI, LORSQUE, etc., supprimé. — Y avant *i* devient *é*; *ó* avant *o* devient *ú*.

ACCORD. *Cuyo, a, os, as* s'accorde avec le deuxième substantif. — Dans la phrase impersonnelle, on supprime l'IL, et l'on accorde le verbe : exceptez *haber*, et *hacer* en le remplaçant.

RÉGIME direct demande un *a* 1° pour les noms d'êtres raisonnables; 2° pour ceux des villes, provinces et royaumes sans article.

ORDRE DES MOTS. Notes sur les pronoms, les participes et leurs auxiliaires. — Quelques adjectifs changent leur signification. — *Bien, mal, demasiado*, vont après l'infinitif. — *Tanto, cuanto, que*; voy. *les comparatifs et les adverbes*.

LONGUEUR ET LIAISON DES PHRASES. Quatre moyens de leur donner la tournure espagnole.

TEMPS DES VERBES. INFINITIF présent. On supprime le *de* non régime; par fois on met *el*; d'autres fois *que* et le subjonctif, spécialement avec *rogar, advertir, decir, escribir*, etc. — Participe présent se rend par le gérondif. — Gérondif va sans *en*. — Participe passé s'accorde, s'il est régi par *ser* ou *tener*, non pas s'il l'est par *haber*. — Participes actifs et participes doubles; voyez la *Grammaire complète*.

INDICATIF. Le présent exprimant l'avenir, peut être remplacé par le futur du subjonctif. — L'imparfait, précédé de *si* et suivi du conditionnel, se rend par le subjonctif. — Le futur, s'il est contingent, se rend par le présent ou futur du subjonctif. — Le conditionnel se rend par l'imparfait du subjonctif : 1° dans *quand il serait*; 2° au cas analogues au futur contingent. Très souvent il peut se rendre par le deuxième imparfait du subjonctif; voyez la *Grammaire complète*.

SUBJONCTIF. Ce mode se rend par l'indicatif, 1° après le superlatif relatif, suivi d'un pronom relatif; 2° avec *bien que*, etc., si le sens est affirmatif. On supprime le *ne* employé avec *douter, nier, empêcher, craindre*, etc. — L'IMPÉRATIF peut se rendre par le futur. S'il est négatif, il se rend par le présent du subjonctif.

ÊTRE. 1° avec des substantifs, se rend *ser*; 2° avec *a, con* et *en* se rend *estar* : avec *de* se rend *ser*; 3° il se rend par *estar* avec le gérondif et le participe passé, si celui-ci n'est pas à la voix passive; 4° par *estar* avec les adjectifs, s'ils répondent à : *où est-il? comment est-il?*

IDIOTISMES ET HOMONYMES. Voyez la *Grammaire complète*.

ORTHOGRAPHE. *B* et *v*, *c* et *z*, *c* et *q*, *j* et *g*, *y* et *i*, *h*.

PONCTUATION. Points renversés (¿ ¡), *amándole*, etc.

ACCENT ÉCRIT. 1° Dans *á, é, ó, ú*, et par fois dans *el, mi, tú, si, dé, sé*; 2° aux polysyllabes, si la voyelle pénultième n'est pas longue. Exceptez *io, ia, ie, ua, ue, uo*; 3° mots en consonne brève. Exceptez *es* et *ez* de famille; 4° le pluriel comme le singulier, excepté *carácteres* et *regimenes*; 5° aux personnes des verbes détaillés aux pages 100 et 101.

OUVRAGES

DE M. SOTOS OCHANDO, ANCIEN DÉPUTÉ AUX CORTÈS, ET PROFESSEUR D'ESPAGNOL DE LL. AA. RR. LES PRINCES ET LES PRINCESSES DE LA FAMILLE ROYALE DE FRANCE.

Ces ouvrages sont destinés à apprendre l'espagnol et le français à ceux qui n'ont pas de maître de ces langues, d'après une méthode particulière très recommandée par la Société des méthodes d'enseignement.

A L'USAGE SPÉCIAL DES FRANÇAIS.

GRAMMAIRE ESPAGNOLE FRANÇAISE, la seule approuvée par l'Université, et recommandée par le Ministre de l'Instruction publique. Elle contient plusieurs supplémens sur les IDIOTISMES, sur les MONNAIES, MESURES et POIDS espagnols, comparés à ceux de la France, un tableau synoptique de toutes les conjugaisons régulières et irrégulières de l'espagnol, un autre de toutes les règles de la grammaire, etc., etc. — Prix : 4 fr.

ABRÉGÉ DE CETTE GRAMMAIRE. Un volume in-12 : 1 fr. 50 c.

COURS DE THÈMES, avec un VOCABULAIRE de deux mille mots les plus usités, des DIALOGUES familiers en français et en espagnol, une liste alphabétique de tous les verbes IRRÉGULIERS, des tableaux synoptiques, etc., etc. — Prix : 3 fr.

PRONONCIATION ESPAGNOLE, avec plusieurs pièces de poésie, un tableau synoptique, un interligné de 70 pages, avec des observations sur la rime et la poésie espagnole, etc. — Prix : 3 fr.

TRADUCTION DE L'ESPAGNOL et COURS DE LITTÉRATURE ESPAGNOLE, avec des morceaux espagnols de plus de 30 Auteurs, en prose et en vers, depuis le 14e siècle jusqu'à nos jours — Prix : 5 fr. ; papier vélin, 6 fr.

A L'USAGE SPÉCIAL DES ESPAGNOLS.

TRADUCCION DEL FRANCES AL ESPAÑOL. Les morceaux français qui la composent font un ouvrage qu'on peut intituler : *L'Incrédule ramené à la foi par la raison.* — Prix : 5 fr. ; papier vélin, 6. fr.

PRONUNCIACION DEL FRANCES. Cet ouvrage, qui analyse les sons de la langue française, les classe et les représente par des caractères spéciaux, et qui contient toutes les règles de la prononciation et de la liaison de consonnes finales, est aussi utile aux Français qu'aux Espagnols. — Prix : 2 fr.

Prix du cartonnage en dessus : 15 cent. le volume.

A PARIS : CHEZ PITOIS-LEVRAULT ET COMP., LIBRAIRES, RUE DE LA HARPE, 81.

Imprimerie et lithographie de MAULDE et RENOU, rue Bailleul, 9 et 11.

www.ingramcontent.com/pod-product-compliance
Ingram Content Group UK Ltd.
Pitfield, Milton Keynes, MK11 3LW, UK
UKHW031848170726
13836UKWH00004B/1950